Andreas Reuß

Die Entdeckung der Seele

Bamberg und Berlin als Ursprungsorte der Deutschen Romantik

Kunstverlag Josef Fink

Inhalt

E.T.A. Hoffmann im Portrait

Ein schreibender Kater

Über Tiere wird von ihren Liebhabern gern gesagt, sie seien überraschend intelligent, worauf Intellektuelle schmunzelnd entgegnen, dass sie eines jedoch nicht könnten: Romane schreiben. Doch es gibt eine Ausnahme – den Kater Murr. Ganz ausführlich hat er seine Memoiren verfasst, teilt sein Gewährsmann mit, der berühmte Schriftsteller E.T.A. Hoffmann, und der muss es ja wissen. Murr selbst nennt seine Autobiographie sogar philosophisch „Lebensansichten".[1]

Der vollständige Titel lautet: „Lebens-Ansichten des Katers Murr nebst fragmentarischer Biographie des Kapellmeisters Johannes Kreisler in zufälligen Makulaturblättern".

Fragmentarische Biographie? Zufällige Makulaturblätter? Kapellmeister Kreisler? Dazu erklärte Murr im Vorwort: Beim Zusammenfügen seines Manuskripts in der Druckerei habe er als ungeschickter Kater aus Versehen die bereits gedruckte Biographie des Komponisten Johannes Kreisler in teilweise zerstückelter Form mit seinen eigenen Papieren vermischt. Beim fertigen Buch ist den Lesern nun nicht immer klar, ob man jetzt Murrs Memoiren oder Kreislers Biographie vor sich hat. – Kreisler war das literarische „Alter Ego" E.T.A. Hoffmanns.

So sehr man Tiere nun liebt, mit ihnen spricht und vermeint, man könne sich mit ihnen besser verstehen als mit den Menschen – gewisse Zweifel bleiben speziell zum Kater Murr doch. G.W.F. Hegel, einst unter anderem in Bamberg und Berlin lebend, vermerkte dazu: „Die Thiere bringen es in der Aeußerung ihrer Empfindungen nicht weiter, als bis zur unarticulierten Stimme ..."[2] Zu Kreisler und zum Kater Murr taucht nun die Frage auf: Wer war eigentlich dieser Ernst Theodor Amadeus Hoffmann, gemeinhin E.T.A. Hoffmann genannt?[3]

Nach kurzer Nachforschung stellt sich heraus, dass er einer der führenden, bahnbrechenden Romantiker war und noch andere Tiere in seinen Dichtungen auftreten ließ, etwa einen sprechenden Hund, einen Affen oder einen Mausekönig. War das alles „nur" Dichtung? Warum wurde dann aber dem sprechenden Hund in Bamberg ein Denkmal errichtet, genauso wie dem Kater auf den Schultern des Dichters? Und der Mausekönig tanzt als Ballettfigur auf allen großen Bühnen der Welt nach der Musik von Tschaikowsky? Festzuhalten ist, dass E.T.A. Hoffmann (1776–1822) lange in Berlin und zeitweise in Bamberg lebte.

Abgesehen von all dem darf man einen weiteren, sehr menschlichen und diesmal äußerst geschickten Kater nicht vergessen, nämlich den „Gestiefelten Kater" nach dem Berliner Romantiker Ludwig Tieck (1773–1853)[4], der bei einem Aufenthalt in Bamberg entscheidende Eindrücke empfing. Sein Kater erschien 1812 im Märchenbuch der Brüder Grimm, die in ihren letzten Lebensjahren sehr mit Berlin verbunden waren.[5] Im Nachklang zur „ironischen Romantik" entstand Gottfried Kellers (1819–1890) „Spiegel, das Kätzchen".[6]

Am Ende geht es wohl um die Frage nach der Seele[7] oder dem Bewusstsein aller Lebewesen. Zur Lösung der Frage, was man unter dem Begriff Seele überhaupt zu verstehen habe, und für die Auseinandersetzung mit geistigen Zusammenhängen ganz allgemein sind immer auch Orte als Bezugspunkte sinnvoll. Von ihnen aus kann man gut nachvollziehbare Theorien entwerfen – sogar über so scheinbar schlecht greifbare Themen wie das Bewusstsein, Kunstinhalte, das Ich oder eben die Seele. Oder über die Frage, inwieweit manche Tiere schreiben können. Eine bedeutende Rolle im Zusammenhang mit den Themen „Ich" oder „Seele" spielte bekanntlich die Epoche der Romantik, die an einzelnen Schwerpunktorten beheimatet war.

Kapellmeister Kreisler in Haustracht

I

Bemerkenswerte Entwicklungen in der Geschichte des menschlichen Bewusstseins:

Geburt und Ausbreitung der Romantik – eine „deutsche Affäre“?[8]

Kapellenruine im fränkischen Mittelgebirgswald

Schon einige Zeit vor dem in diesem Zusammenhang markanten Schlüsseljahr 1800 ereigneten sich in der Geschichte des Bewusstseins des Menschen bemerkenswerte Verwandlungen. Es schien, als hätten sich neue Dinge entwickelt, so etwas wie das „Ich" sei auf neue Weise in den Individuen geboren worden, und das Phänomen der Seele sei in einem ganz neuen Licht erschienen.[9] Mehrere Bewegungen entstanden in Philosophie, Kunst und Literatur, darunter die Aufklärung, die Klassik und nicht zuletzt eben die Romantik – von „Begleiterscheinungen" wie Empfindsamkeit, „Göttinger Hain" sowie Sturm und Drang einmal abgesehen. Die verschiedensten Ansätze zur Ergründung der „Innerlichkeit" wurden erdacht.[10]

Seitdem sie als Idee geboren wurde, prägt die Romantik unwiderruflich das Bewusstsein der Deutschen, ja der gesamten Menschheit, und zwar bis heute. Spätestens als die Brüder Grimm zu Beginn des 19. Jahrhunderts ihre Kinder- und Hausmärchen herausgebracht haben – eines der am weitesten verbreiteten Bücher in deutscher Sprache –, ist die romantische Gefühls- und Gedankenwelt in der Geistesgeschichte der Völker tief verankert.[11] Eine Liebesgeschichte, die wohl zu jedem Leben dazugehört, wird als „romantisch" empfunden. Die Natur, insbesondere den Wald sowie die darin

befindlichen Kulturdenkmäler, beispielsweise Ruinen, kann man gar nicht mehr anders als durch die „romantische Brille" betrachten. Und mehrere vorherrschende Gedankengebäude, etwa das des Christentums, sind von romantischen Vorstellungen und den damit verbundenen Gefühlen durchdrungen. Das wird gerade dann deutlich, wenn man religiöse Kunst (bildliche Darstellungen, Literatur, Musik) vor Augen hat.

Panorama der Stadt Bamberg von Westen

Romantische Dichtermärchen der Weltliteratur schrieben mehrere Dichter, meist mit Bezug zu Bamberg bzw. Franken und Berlin: Ludwig Tieck („Der blonde Eckbert")[12], E.T.A. Hoffmann („Die Bergwerke zu Falun")[13], Friedrich de la Motte-Fouqué („Undine")[14], Clemens Brentano („Das Märchen von dem Baron Hüpfenstich")[15] und Adalbert von Chamisso („Peter Schlemihls wundersame Geschichte")[16].

II

Bedeutung Bambergs und Frankens für die Romantik

Um diese Epoche und ihre Art der Ergründung der Seele besser erfassen zu können, ist es sinnvoll, zur Ursprungszeit (um und vor 1800) und an die Ursprungsorte zurückzukehren. Natürlich spielen zusätzlich die Personen, die Romantikerinnen und Romantiker selbst die entscheidende Rolle: Wann und wo lebten sie? Wovon und wie ließen sie sich inspirieren? Was dachten und welche Werke schufen sie? Wie kam es schließlich zur Bezeichnung „Romantik"?

Friedrich Schlegel

Bisher erwähnen die Forscher hauptsächlich Orte wie Jena, Heidelberg, das Schwabenland und Berlin, wenn sie von der Romantik sprechen. Im europäischen Zusammenhang darf freilich weder die englische noch die Romantik anderer Länder vergessen werden.

Bemerkenswert ist nun die Tatsache, dass auch Franken, insbesondere die Stadt Bamberg und ihre Umgebung, für die Entstehung der Romantik eine wesentliche Rolle spielte – was bisher zu wenig beachtet wurde. Und das, obwohl doch bei der seinerzeitigen „Entdeckung des Ich" das Gefühl, vor allem die nostalgische Sehnsucht, etwa nach den Zeiten des Mittelalters, entscheidend war – wofür die Stadt Bamberg mit ihren zahlreichen mittelalterlichen Gebäuden ideal ist; deshalb wurde sie zum bevorzugten Reiseziel.[17] Weiterhin sind viele mit Bamberg verbundene Romantikerinnen und Romantiker gleichzeitig eng mit Berlin verbunden.

Ein einflussreicher Programmatiker der Romantik war Friedrich Schlegel, der zwar nie in Bamberg weilte, aber einige Zeit in Berlin lebte.[18] Er sprach von der „progressiven Universalpoesie"[19], womit er sich strengen Regeln, Einteilungen sowie Abgrenzungen in der Kunst entgegenstellte.

Friedrich Schlegels Bruder August Wilhelm jedoch kam 1800 nach Bamberg, und beide waren verwandt bzw. verschwägert mit den Romantikerinnen und Romantikern Dorothea Schlegel (geb. Mendelssohn, dann verheiratete Veit), Caroline Schlegel, Sophie Schlegel[20], Friedrich Schelling, Auguste Böhmer, Felix Mendelssohn Bartholdy und Fanny Hensel – sie alle haben sich zumindest einmal in Bamberg aufgehalten. Von Fannys Gemahl Wilhelm Hensel wiederum existiert eine Darstellung E.T.A. Hoffmanns, einer zentralen Figur der Romantik, der sich in Bamberg zum Dichter, Musiker, Maler und Bühnenbildner entwickelte.[21] 1808 war er aus Berlin nach Bamberg gekommen.

Vor der Ankunft E.T.A. Hoffmanns hatten andere junge Berliner in Bamberg ein besonderes Erlebnis, das die ganze künftige Epoche prägen sollte: die Berliner Romantiker Tieck und Wackenroder in Franken.

1. Im Bamberger Dom

„In diesem für mich so merkwürdigen[22], antiken[23] Dom, wohnte ich am Heinrichsfeste mit der größten Teilnahme dem Hochamte bei, das [am Sonnabend] von 9–10, nach der Predigt gehalten wurde [...] Alles war mir neu, und die Zeremonien, die in jeder Minute immer bestimmt wechselten, machten, je geheimnisvoller und unverständlicher sie mir waren, einen desto stärkern und wunderbareren Eindruck auf mich."[24]

Das schrieb der evangelische, aus Berlin stammende Student Wilhelm Heinrich Wackenroder (1773–1798)[25] am 23.7.1793 aus Bamberg an seine Eltern. „Die Geburtsstunde der deutschen Romantik wird häufig an dieser Stelle dingfest gemacht."[26] Dafür spricht auch, dass Wackenroder die zitierten Eindrücke in seine Schrift „Herzensergießungen eines kunstliebenden Klosterbruders"[27] aufgenommen hat, die als eine Art Manifest der deutschen Frühromantik[28] gilt. Bei dieser Gelegenheit kommt noch der damals übliche Ausdruck „Herz" für den Bereich des Innerlichen ins Spiel, der heute nicht mehr in dieser Weise verwendet wird.

Man spürt sofort die tiefe Ergriffenheit und den gern aufgenommenen Bezug zum mittelalterlichen Kaiser Heinrich II., den Heiligen (973–1024), der mit seiner Gemahlin, der heiligen Kunigunde (980–1033), in Bamberg begraben liegt. Mehrere Romantiker haben die Legenden, die mit deren Leben verbunden sind, aufgegriffen, da sie in ihrer Sehnsucht nach der Vergangenheit auch das Volkstümliche und Märchenhafte sehr liebten.[29] Das war ihrer Meinung nach für die Ergründung des Inneren aufschlussreicher als etwa wissenschaftliche Forschungen. Schon in Berlin begannen wohl Achim von Arnim und Clemens Brentano mit der Sammlung der „alten deutschen Lieder" unter dem Titel „Des Knaben Wunderhorn"[30], ein Vorbild für viele Märchensammlungen. Gern ist schließlich E.T.A. Hoffmann in seinen „Serapionsbrüdern", die am Stammtisch in Berlin erzählt wurden, auf die Legenden um die heilige Elisabeth eingegangen.[31]

Erleuchtender Lichteinfall im Bamberger Dom

2. In der Gemäldegalerie von Schloss Pommersfelden bei Bamberg

Dieselbe romantische Ergriffenheit packte Wackenroder bei der Betrachtung der Gemäldegalerie in Schloss Pommersfelden südlich von Bamberg. „Jedenfalls gilt Raffael mit der Pommersfeldener Madonna für Wackenroder als der ‚allervortrefflichste, göttliche Maler', in einer Art Religions-Kunst oder Kunstfrömmigkeit wird dann später der christliche-religiöse Gehalt entscheidend. Die Gunst des Himmels erleuchte das Innere des Menschen mit höherer Offenbarung, Kunst [gilt] als Offenbarung des Heiligen."[32] Inzwischen wird das gemeinte Madonnen-Gemälde nicht mehr Raffael zugeschrieben.

Schloss Pommersfelden

Klaus Vieweg will in seinem neuesten Buch über Hegels Ästhetik die Aufmerksamkeit jedoch auf den Kontrast zwischen den Positionen der Romantiker Wackenroder, Tieck und Friedrich Schlegel einerseits sowie Hegel und den Protagonisten der Berliner Schule der Kunstgeschichte andererseits lenken. Denn auch Hegel (1807–08 in Bamberg, 1818–31 in Berlin) besichtigte die Pommersfeldener Galerie. Er entwickelte sich laut Vieweg jedoch zu einem der entschiedenen Gegenspieler der Romantik, der demnach eine konträre Sicht auf die Religion und die Vergangenheit gehabt haben soll. Er habe jeglichen (insbesondere romantischen) Vergangenheitskult abgelehnt und sich wie Goethe auf den ästhetischen Wert der Einheit von Inhalt und Form der Meisterstücke konzentriert.[33] Hegel lebte unter anderem als Philosoph 1807–08 in Bamberg, danach bis 1816 in Nürnberg und nach einer Heidelberger Zeit ab 1818 bis zu seinem Tod 1831 in Berlin.[34]

In anderem Zusammenhang, aus literaturwissenschaftlicher Sicht, hat Karl Heinz Bohrer den Philosophen ebenfalls als Gegenspieler der Romantik gekennzeichnet, speziell aufgrund seiner Verurteilung E.T.A. Hoffmanns (1808–13 in Bamberg, 1816–22 in Berlin).[35] Interessanterweise war Hegel einst einem romantischen Philosophen, nämlich Friedrich Schelling (1775–1854, 1800 in Bamberg, ab 1841 in Berlin), sehr nah. Mit ihm und Hölderlin teilte er ein Studierzimmer als Student im Tübinger Stift, wo man sich auf das geistliche Amt vorbereiten sollte.[36] Und Hegels Frau Marie, geborene von Tucher (1791–1855), und ihre Mutter Susanna von Tucher, geborene von Haller (1769–1832), pflegten einen sehr romantischen Briefwechsel miteinander.[37]

Vielleicht ist Hegel vom Romantischen bzw. Religiösen außerdem gar nicht so weit entfernt, wenn man etwa den Begriff der „Schönen Seele" mit hinzunimmt, der bei Hegel, Novalis[38], Schiller und Goethe eine nicht geringe Rolle spielte.[39] Frage: Ist unsere Seele, unser „Ich", heute noch „schön"?[40]

Wilhelmine von Bayreuth (1709–1758), eine der ersten Romantikerinnen (mit einem frühromantischen Garten und als Autorin von Memoiren), besuchte Pommersfelden schon 1735. Über die Gemäldegalerie notierte sie:

„Hier hängen Bilder der größten Meister, wie Rubens, Guido Reni und Paolo Veronese. [...] Die Bildergalerie ist wundervoll; die Maler können sich hier weiden. Da ich eine große Bilderliebhaberin bin, blieb ich mehrere Stundenlang hier, um die Gemälde zu betrachten."[41] Hat sie dabei ihre Seele ergründet?

Neben vielen anderen bedeutenden Persönlichkeiten besuchte Carl Spitzweg (1808–1885) die Galerie in Pommersfelden.[42] Einen – negativen – Höhepunkt in seiner Laufbahn erlebte E.T.A. Hoffmann in Pommersfelden Anfang September 1812. Es sollte dort von ihrer Familie die Verlobung von Julia Marc mit dem für sie vorgesehenen Bräutigam gefeiert werden. Hoffmann selbst jedoch war in seine noch junge Gesangsschülerin Julia unsterblich, ja bis zum Wahnsinn verliebt. Fast zwangsläufig kam es zu wüsten Beschimpfungen Hoffmanns gegen den Bräutigam, woraufhin er das Haus der Marcs nie wieder betreten durfte.[43]

Niemand jedoch hat bisher verdeutlicht, dass die feiernde Gesellschaft in Pommersfelden zuerst das Schloss besichtigte, wobei es darin bis heute nicht nur Gemälde zu sehen gibt, sondern auch einen Spiegelsaal[44] mit Figuren „in Callot's Manier". Bekanntlich nannte Hoffmann eine Erzählsammlung „Fantasiestücke in Callot's Manier"[45], und nach übereinstimmender Meinung der Experten bezog er sich dabei auf Funde von Grafiken in Bamberg. Möglicherweise muss das etwas korrigiert werden. Ob Hoffmann nun die Gemälde bzw. Figuren in Pommersfelden gesehen hat und welchen Einfluss sie auf ihn ausübten, ist weiter nicht erforscht.

Insgesamt zeigt sich, dass der Bezug auf Orte wohl wichtiger ist als bislang oft vermutet, wenn man etwa die Bedeutung von Pommersfelden erkennt: „Pommersfelden kann – so die These – in mehrerer Hinsicht als ein einzigartiger ‚malerischer' Ort für die Kunstgeschichte und die Ästhetik um 1800 angesehen werden."[46] Dasselbe gilt für die Literaturgeschichte und damit für die Kulturgeschichte überhaupt.

Wohnhaus von G.W.F. Hegel in Bamberg

3. In der Fränkischen Schweiz, von Erlangen und Nürnberg[47] aus

An Pfingsten 1793 reiste Ludwig Tieck (1773–1853, ebenfalls aus Berlin stammend und mit zahlreichen Romantikern gut bekannt) mit seinem Kommilitonen Wilhelm Heinrich Wackenroder von Erlangen aus, wo sie studierten, durch die Fränkische Schweiz, eine Mittelgebirgslandschaft, die zwischen Bamberg, Erlangen und Bayreuth liegt. Dort fanden sie etliche mittelalterliche Kirchen, Burgen und Burgruinen in malerischer Natur, wie man sie heute noch genießen kann.

III

Romantik zwischen Franken und Berlin

Die Markgrafschaft Erlangen gehörte ab 1792 – wie Bayreuth und Ansbach – zum Königreich Preußen und war dadurch mit Berlin eng verbunden. Und die Stadt Erlangen gleicht in mehrfacher Hinsicht Neuruppin, dem Geburtsort Theodor Fontanes in der Mark Brandenburg: Auch Erlangen war gleichsam „brandenburgisch", es wurde ebenso schachbrettartig angelegt – wie auch Berlin um den Gendarmenmarkt – und nahm nach 1685 ebenfalls zahlreiche Hugenotten auf.

1. Ludwig Tieck, „die Spaziergängerin von Sanspareil" und Alexander von Humboldt

Ludwig Tieck schrieb nach Berlin: „Hinter Ebermannstadt reitet man immer durch ein äußerst romantisches Tal, durch das sich die Wiesent in vielen Krümmungen schlängelt. Zu beiden Seiten hat man ziemlich hohe Berge, geradeaus ebenfalls Berge vor sich. Ich habe noch wenig so schöne Tage als diesen genossen; es ist eine Gegend, die zu tausend Schwärmereien einladet, etwas düster Melancholisches und dabei doch so überaus freundlich. Oh, die Natur ist doch an Schönheit unerschöpflich!"[48] Insofern war es eigentlich die Fränkische Schweiz, in der die Romantik entdeckt wurde. Das Schwärmen und die Melancholie waren durchaus „erlaubt", wenn man vom eigenen Inneren sprechen wollte.

Aber noch früher, in der Mitte des 18. Jahrhunderts, gestaltete Markgräfin Wilhelmine von Bayreuth (1709–1758), eng mit Preußen verbunden, in derselben Gegend einen wahrhaft romantischen Garten, den sie „Sanspareil" nannte, „Ohnegleichen".[49] Sie ließ eine felsige Waldanlage, die sie nördlich von Hollfeld vorfand, weitgehend unangetastet. „Die Natur selbst war die Baumeisterin", schrieb sie 1749 an ihren Bruder Friedrich den Großen. Die beiden verwandten Seelen waren einander sehr zugetan.

Seite 22/23:
Die Wiesent in der Fränkischen Schweiz bei der Burgruine Neideck

Terrassengärten von Sanssouci in Potsdam

Friedrich ließ etwa gleichzeitig den berühmten Park „Sanssouci" in Potsdam mit der berühmten Terrassenanlage – noch im Stil des Rokoko – anlegen, woran übrigens der Bamberger Hofbildhauer Johann Peter Benkert (1709–1765) beteiligt war. Bereits romantisch empfindet man die nach der Mitte des 18. Jahrhunderts entstandenen Terrassengärten des Bamberger Klosters Michaelsberg, die in ihrer Bedeutung kaum zu überschätzen sind und schon mit dem Welterbe Sanssouci verglichen wurden.

Wilhelmine jedenfalls suchte sich, wie viele Romantiker, der unangetasteten, vielleicht sogar geheimnisvollen Natur gefühlsmäßig hinzugeben. Vielleicht gab es ja darin das Geheimnis der Seele zu entdecken. – Weniger romantisch, nämlich naturwissenschaftlich, erforschte der in Berlin geborene Alexander von Humboldt (1769–1859), vielfach mit der Familie Mendelssohn und deren Berliner Haus verbunden[50], die gerade preußisch gewordene Markgrafschaft Bayreuth.[51] Hier startete er seine Weltkarriere als Geologe.

2. Die Gräfinnen von Egloffstein, Lady Craven und ein Ausblick auf die Mystik

Einer der romantischsten Burgen in der Fränkischen Schweiz entstammte die Gräfin Henriette von Egloffstein (1773–1864).[52] 1787 war sie nach Weimar gekommen und am Hof der Herzogin Anna Amalia erstklassig gebildet und gefördert worden, unter anderem von Herder, Wieland und Knebel. Leider musste sie Weimar bald verlassen und wurde zu einer Ehe mit einem ungeliebten Vetter gezwungen, die 1803 wieder geschieden wurde. Trotzdem gebar sie ihm einen Sohn und vier Töchter, darunter die Dichterin Auguste (1796–1862). 1799 war Henriette bereits nach Weimar zurückgekehrt, heiratete 1804 wiederum und zog mit ihrem Mann Carl von Beaulieu-Marconnay und ihrer Familie nach einer Zwischenstation in das Kloster Marienrode bei Hildesheim, wo sie mit 91 Jahren verstarb.

Ansbach, Gedenktafel für August von Platen

Von ihrer Tochter Auguste von Egloffstein kam in Weimar 1865 in der zweiten Auflage ein Gedichtband mit dem Titel „Aus einem Tagebuche" heraus. Er enthält unter anderem das noch sehr romantische Gedicht „Morgenspaziergang", datiert mit der Jahreszahl 1825.[53]

Auch Caroline (1789–1868), die älteste Tochter Henriettes von Egloffstein, gehörte als Schriftstellerin und Komponistin zum Goethekreis in Weimar. 1861 wurde sie zur Äbtissin des Huttenstifts in Nürnberg gewählt, 1868 starb sie wie ihre Mutter in Marienrode.

Henriettes Tochter Julie von Egloffstein (1792–1869) hingegen hatte sich der Bildenden Kunst verschrieben, und obwohl auch sie der Mutter nach einigen Reisejahren nach Marienrode folgte, blieb Burg Egloffstein in der Fränkischen Schweiz ihre eigentliche Heimat.

Schlosspark, Schloss und Turm der Universitätskirche in Erlangen

Mit Caroline von Egloffstein nicht zu verwechseln ist die gleichnamige Caroline von Egloffstein, eine geborene von Aufseß (1768–1828). Sie wuchs unter anderem im heute bei Einheimischen und Touristen sehr beliebten Heckenhof in der Fränkischen Schweiz auf. Auch sie gelangte nach Weimar und verkehrte bei Hofe, wo sie als Kammerherrin der Herzoginmutter Anna Amalia lebte. Caroline von Aufseß wurde schließlich in Eisenach bestattet. Man erkennt hier einmal mehr die familiären Zusammenhänge, die von den „elitären Geistern" der Goethe-Zeit sehr gepflegt wurden, und zwar über alle Strömungen – Klassiker, Romantiker – hinweg. Vielleicht galt ihnen die Familie, einschließlich des alten Adels, als eine Art Erholung bei der Suche nach der eigenen Seele, dem eigenen Ich?

Als durchaus romantisch erscheint zudem Lady Elizabeth Craven (1750–1828)[54], die man nicht vergessen darf, wenn man von den fränkisch-brandenburgischen Markgrafen spricht. 1782 kam es zu einer außerehelichen Annäherung – gleichsam einer „Romanze" – zwischen ihr und dem Markgrafen Karl Alexander (1736–1806), dem letzten Markgraf von Brandenburg-Ansbach und Brandenburg-Bayreuth. Er war Förderer der Erlanger Universität, die zum Teil nach ihm benannt ist und an der Tieck und Wackenroder studierten. 1787–1791 lebten Elizabeth und Karl Alexander zusammen in Ansbach, am Hof des Markgrafen. 1791 heirateten die beiden, nachdem ihre jeweiligen Ehegatten verstorben waren, und lebten von nun an gemeinsam in England. Nach dem Tod Alexanders ging Lady Elizabeth 1806 nach Neapel und schrieb dort ihre Memoiren, die von der Bayerischen Staatsbibliothek eingescannt wurden.[55] Sie erschienen auf Deutsch 1926 unter dem Titel „Denkwürdigkeiten der Markgräfin von Anspach". Außerdem schrieb sie Dramen, Briefe und viele weitere Schriften – ein romantischer Schatz, der erst noch zugänglicher gemacht werden müsste.

Man liest hier, wie Frauen begonnen haben, in Memoiren, also schreibend, in ihre eigenen Seelen einzutauchen. Allerdings kennt man solche schreibenden Frauen schon im Mittelalter, nämlich bei Mystikerinnen wie Hildegard von Bingen (1098–1179), die im Lauf ihres Lebens einmal nach Bamberg kam. Von einer ähnlichen religiösen Mystik war besonders der große

Romantiker Clemens Brentano (1778–1842) angetan, der Berlin immer wieder besuchte bzw. zeitweilig dort lebte, phasenweise mit Achim von Arnim.[56] Mystikerinnen und Mystiker sind weniger auf der Suche nach ihrer Seele oder einem Ich, sondern ergriffen von einer oder mehreren Erleuchtungen, durch die sie sich Gott nahe fühlen.

3. Die Familie Rückert, Liebesgedichte, Luise und Fanny Hensel

Um in Erlangen zu bleiben: An der dortigen Universität lehrte ab 1826 Friedrich Rückert (1788–1866) als Professor der Orientalischen Sprachen und Literaturen. Er war gleichzeitig Lyriker und schrieb viele Gedichte für seine Frau Luise – 1834 erschienen sie unter dem Titel „Liebesfrühling". „Es wurde der beliebteste Gedichtband des 19. Jahrhunderts in Deutschland." Die Gedichte „machten Rückert zum populärsten Dichter seiner Zeit".[57] Zwölf Gedichte aus dem „Liebesfrühling" wurden von keinen Geringeren als Robert und Clara Schumann vertont. „Du meine Seele, du mein Herz", schrieb er ihr etwa, „Du meine Wonn' o du mein Schmerz, / Du meine Welt, in der ich lebe, / Mein Himmel du, darein ich schwebe, / O du mein Grab, in das hinab / Ich ewig meinen Kummer gab!"[58]

Luise war überwältigt von dieser liebevollen Zueignung. Ein schlimmes Schicksal ereilte jedoch das Paar, als um die Jahreswende 1833/34 zwei ihrer Kinder, die dreijährige Luise und der fünfjährige Ernst, an Scharlach verstarben. Im Februar schrieb Luise, selbst eine Sprachkünstlerin, an ihren Vater: „Doch habe ich in dieser furchtbaren Zeit Rückerts religiösen Sinn, seine große Liebe für mich, recht schätzen lernen. Er, der so ein zärtlicher Vater ist, dessen Lieblinge auch die zwey Engel waren, ist aufs tiefste gebeugt u weint oft mit mir."[59]

Rückert schrieb nach diesem Unglück 428 „Kindertodtenlieder", die sein Sohn Heinrich 1872 aus dem Nachlass herausgab.[60] Zwischen 1901 und 1904 hat Gustav Mahler einige dieser Lieder vertont. 1907 starb übrigens

Rückert-Wohnhaus in Erlangen

Mahlers Tochter Maria-Anna ebenfalls an Scharlach. Zusammen mit dem von den Schumanns vertonten „Liebesfrühling" gehören Mahlers „Kinder-Totenlieder" zu den bedeutendsten Werken der Musikgeschichte, was das Liedschaffen betrifft. Die Bamberger Symphoniker und die Berliner Philharmoniker haben sie natürlich schon mehrfach aufgeführt.

Liebesgedichte, zumal wenn sie meisterhaft vertont werden, verleihen diesem zentralen, innersten Gefühl des Menschen eine transzendentale Dimension, wodurch es die Grenzen des Ichs überschreiten und anderen über Räume und Zeiten hinweg mitgeteilt werden kann. Clemens Brentano schrieb mit seinem „Abendständchen" eines der schönsten Liebesgedichte der mit Recht so genannten Weltliteratur. In Berlin verliebte sich Brentano Ende 1816 unsterblich in Luise Hensel (1798–1876), die Schwägerin von Felix Mendelssohn Bartholdy, die Brentano aber nicht heiraten wollte, genauso wenig wie den romantischen Dichter Wilhelm Müller (1794–1827), der ebenfalls zeitweise in Berlin lebte. Letzterer schrieb in Gedanken an

„Komponierhäusl" von Gustav Mahler am Attersee in Österreich

Luise die Liederzyklen „Die schöne Müllerin" und „Winterreise", die von Franz Schubert meisterhaft vertont wurden und daher als Höhepunkte der Kulturgeschichte der Menschheit zu bezeichnen sind. Luise Hensel war selbst eine unübertroffene, aber oft unterschätzte Poetin – man denke nur an ihr unsterbliches Gedicht „Müde bin ich, geh' zur Ruh'" von 1816.[61]

Der künstlerisch inspirierende Attersee

Den Rückerts blieben noch weitere acht Kinder. Friedrich Rückert hatte zwar zuerst eine Professur in Erlangen und dann in Berlin, Luise jedoch blieb nach drei Berliner Wintern ganz in Neuses bei Coburg, und auch ihr Mann ließ sich 1848 vorzeitig pensionieren, um an der Lauter bei Coburg mehr Ruhe finden zu können. Er hat anscheinend ein Leben in Neuses bei Coburg demjenigen in Berlin bei weitem vorgezogen: „Von der stockenden stolzen Spree / zu der lockenden Quell am Klee. / Aus der unendlichen Stadt Berlin / zu meinem ländlichen Neuses hin."[62] Das Haus sah freilich sehr viele, auch unruhige, Gäste. – 1857 starb Luise Rückert, ihr Mann 1866. Das Wohnhaus am Fluss mit ehemaliger Schule, Kirche und Friedhof ist heute ein etwas versteckter, idyllischer Gedenkort der Weltliteratur.

Eindruck von einer „Winterreise" in Gedanken an Franz Schuberts Musik

Rückert-Haus bei Coburg

Auch wenn Luise Rückert (1797–1857) durch ihr ganzes Eheleben (seit 1821) hindurch hauptsächlich mit der Organisation der Hausarbeit und der Erziehung ihrer zehn Kinder beschäftigt war, verfasste sie doch eine Reihe seelenvoller Briefe und führte einen literarischen Salon.

Zum Thema Coburg ist die romantische Komponistin Fanny Hensel (geb. Mendelssohn, 1805–1847, lebte hauptsächlich in Berlin) zu ergänzen, die Schwester von Felix Mendelssohn Bartholdy und Schwägerin von Luise Hensel sowie von den Brüdern Schlegel. Sie notierte Anfang September 1839 auf ihrer großen Italienreise in ihr Tagebuch: „Coburg schön gelegen, Citadelle auf der Höhe". Später ging es dann über Bamberg, Erlangen und Nürnberg in Richtung München: „Auf dem St. Michaelsberg [in Bamberg], wo man eine schöne Übersicht über Land und Stadt erhält, und die ersten Trauben speist. Nachmittags über Forchheim, Erlangen, was ein allerliebstes Städtchen scheint, und wo wir Rückert nicht kennen lernten, nach Nürnberg ...."[63]

IV

Bamberger Romantik ausführlicher, mit Zusammenhängen insbesondere zu Berlin

1. Felix Mendelssohn Bartholdy

Schon im Jahre 1827 kam Fannys Bruder Felix Mendelssohn Bartholdy (1809–1847) mit zwei Kommilitonen aus Berlin nach Bamberg.[64] Er genoss seinen Aufenthalt weidlich: „Franken ist ein göttliches Land. Will man sich heimisch und wohl fühlen, zwischen lauter Gärten und Spaziergängen reisen, will man die ausgebreitetste Fruchtbarkeit mit schönen Bergformen verbunden sehn und genießen, so muß man nach Franken. Ich befinde mich in diesem Augenblicke so behäbig, daß ich glaube der Erzbischof von Bamberg zu seyn. – Die Stadt ist alt, voll Giebelhäusern, mit Kapellen, Klöstern, schwarzen Kirchen und ihren zackig spitzen Thürmen erfüllt, die Straßen belebt mit Verkäufern, Kaufenden, Spaziergängern, blauen Soldaten, schwarzen Geistlichen und bunten Bäuerinnen, und steigt man in die Höhe, so sieht man über die rauchigen Dächer hinweg, die Fruchtebne in dem blauen Farbenspiel der Ferne liegen. Weit hinüber schlängelt sich der Mayn an den Bergen hin, und die Regnitz, die hier durch die Stadt stürzt vereinigt sich da mit ihm. Die ganze Gegend ist ein Festtag, und so muß denn auch einem jeden festlich und feyerlich froh zu Muthe seyn."[65]

Hier ist nachzulesen, wie weit sich der junge Felix bereits im literarischen Schreiben entwickelt hatte, sodass er später in Venedig Gemälde wie solche Kulturlandschaften als „Seelenlandschaften" zu schildern vermochte. In Bamberg sah er außerdem der Bürgerschaft zu, wie sie eine Art Walzer tanzte, notierte dessen Musik nach Gehör und verwendete diese später für ein Quartett.[66] Schon 1822 hatte er während einer Reise der Familie in die Schweiz Jodler nach Gehör notiert und die Tonfolgen an seinen Lehrer Zelter, den Freund Goethes, geschickt. Felix Mendelssohn Bartholdy musizierte später unter anderem mit Queen Victoria, konnte aber auch mit Bürgern und Hirten in Sennhütten Umgang pflegen – vielleicht um die ganze Bandbreite der menschlichen Seele zu ergründen?

In einem Brief an die Cousine seiner Mutter, Henriette von Pereira-Arnstein (1780–1859), die in Wien einen bedeutenden Salon führte, entwickelte er anhand von drei Tizian-Gemälden in Venedig eine ganz neue, eigene „Seelen-Ästhetik": „Das ist es, was ich mir bei einer Kunst denke und von ihr

Blick vom Bamberger Michaelsberg ins Obermaintal, wie von Mendelssohn geschildert

fordern möchte: sie nimmt jeden in ihr Reich mit sich fort, und zeigt dem einen Menschen des andern innerste Gedanken und Empfindungen, und macht ihm klar, wie es in seiner Seele aussieht."[67]

2. Felix' Verwandte aus der Familie Schlegel-Schelling, zuerst in Jena, dann in Bamberg, später in Würzburg und Berlin

1800 war ein denkwürdiges Jahr für die Romantik in Bamberg und ganz allgemein. Eine der Romantikerinnen aus dem Kreis der „Universitätsmamsellen"[68], im Grunde die weitaus bedeutendste, war Caroline Schlegel (1763–1809), geborene Michaelis. Das Jahr 1800, als sie sich in Bamberg aufhielt, bedeutete für sie eine Zäsur. Im Folgenden soll hauptsächlich nach einer Forschungsarbeit unter der Ägide des Bamberger Literaturprofessors Wulf Segebrecht (geb. 1935 in Neuruppin) vorgegangen werden.[69]

Was verschlug Caroline Schlegel eigentlich nach Bamberg? Dazu sei zunächst dargelegt, woher sie kam, wer sie war und was man von ihr dachte. Die allgemeine Einschätzung von Zeitgenossinnen und Zeitgenossen ist – bis auf ihre Liebhaber – zum großen Teil nicht sehr ruhmreich: „Friedrich Schiller nannte sie ‚Dame Luzifer' oder ‚das Übel'."[70] Caroline Schlegel wurde 1763 als Tochter des Göttinger Orientalisten Johann David Michaelis geboren. 1784 verheiratete man sie mit einem Franz Wilhelm Böhmer aus einer Professorenfamilie, von dem sie drei Kinder bekam. 1788 starb Böhmer, desgleichen ihre jüngeren Töchter. Nur ihre Tochter Auguste Böhmer überlebte. 1793 gerieten Mutter und Tochter im Zusammenhang mit den Unruhen um eine „Mainzer Republik" in Gefangenschaft – dasselbe Los traf die Romantikerin Meta Forkel-Liebeskind. Als Caroline aus der Gefangenschaft freikam, kümmerten sich die Brüder August Wilhelm und Friedrich Schlegel um sie und ihre Tochter.

Da sich unangenehme Gerüchte über sie verbreiteten, ging sie eine Vernunftehe mit August Wilhelm Schlegel ein und zog mit ihm 1796 nach Jena. Dort prägte sie Werden und Entfaltung der „Jenaer Romantik" entscheidend mit, indem sie sich rege an vielen Gesprächen über Kunst, Literatur, die Gesellschaft und die Liebe beteiligte. Die Familie Schlegel, einschließlich der eingeheirateten Dorothea, geb. Mendelssohn (zuerst verheiratete Veit), spielte nachmals auch eine zentrale Rolle für die Berliner Romantik.[71]

Bambergs erstes „Allgemeines Krankenhaus", ganz rechts, eröffnet 1789, am Fuß des Michaelsberges mit seinen Terrassengärten

In Jena, wo auch Schiller wirkte und Goethe beispielsweise 1794 auf Hölderlin traf, hatte sich die Romantik endgültig als starke, auch programmatisch fundierte Parallelbewegung zur Klassik formiert. Vor allem Friedrich Schlegel hatte nun mit seiner Definition der „progressiven Universalpoesie" eine klare Programmatik entwickelt. In der Folge vertieften große Dichter wie Novalis, Tieck, Brentano, Eichendorff, die Brüder Grimm, Adalbert von Chamisso und natürlich E.T.A. Hoffmann diese Ansätze mit ihren Werken. Auch Heinrich von Kleist und Jean Paul kann man in gewissem Sinne dazuzählen, falls man sie nicht – wie Friedrich Hölderlin – eher als Klassiker bezeichnen möchte.

Caroline Schlegel, später verheiratete Schelling

Außerdem war der romantische Philosoph Friedrich Schelling 1798 an die Universität Jena gekommen, und Caroline Schlegel verliebte sich bis zur Krankhaftigkeit in ihn. Um diese – oder eine andere unbestimmbare – „Krankheit", ein schweres „Nervenfieber", zu heilen und um sich wohl allgemein zu erholen, brach Caroline mit ihrer Tochter Auguste Böhmer im März 1800 nach Bamberg auf.

Warum Bamberg? Das katholische Zentrum eines Fürstbistums kurz vor der Säkularisation (1802) hatte noch viel Nostalgisches und Mittelalterliches, was bei den Romantikern besonders beliebt war. Andererseits war es berühmt für seine modern-fortschrittliche Medizin.[72]

„Die uralte Bischofsstadt Bamberg mit dem romanischen Münster und der Bergruine des Babenberger Schlosses war durch das Krankenhaus, an dem Marcus und Röschlaub erst die Brownsche Erregungstheorie, dann die neue naturphilosophische Medizin lehrten, für die Romantik bedeutend. Im Herbst 1801 wanderte Schubert von Jena aus über das Fichtelgebirge nach Bamberg", schrieb Ricarda Huch in ihrem großen Romantik-Werk, erschienen 1899 und 1902.[73] Man legte damals zu Fuß große Strecken zurück, in Einzelfällen sogar bis nach Sizilien: Johann Gottfried Seume machte 1802 einen „Spaziergang" nach Syrakus.

Gotthilf Heinrich Schubert (1780–1860) wurde spätestens mit seinem Buch über „Die Symbolik des Traums", das 1814 erstmals bei E.T.A. Hoffmanns Verleger Carl Friedrich Kunz in Bamberg erschienen war, ein bedeutender Protagonist derjenigen Medizin, die sich auch der „Psychologie", der Ergründung des Seelenlebens des Menschen zuwandte. Schubert wird vom Hoffmann-Forscher Wulf Segebrecht als einer „der Heroen Hoffmanns" bezeichnet.[74] Kein Wunder, denn Träume spielen für Hoffmann – wie für alle anderen Romantiker und die Romantikerinnen – eine wichtige Rolle. Schuberts „Symbolik des Traumes" wurde nach seinen Worten 1813 angeregt bei einem Ausflug von Nürnberg nach Bamberg.[75] Wenn man, vereinfacht gesagt, in Träumen „Bilder von Gefühlen" sieht, erhält man durchaus einen tiefen Einblick in die eigene Seele. Bekanntlich war für Sigmund Freud die Traumdeutung für die Seelenforschung elementar. Im Traum, glaubte Schubert, enthüllt sich die verborgene Symbolik der Natur als Offenbarung Gottes.

Ricarda Huch stellt also Bamberg zu Recht als eines der Zentren der Romantik und der mit ihr verbundenen „Seelenkunde" im frühen 19. Jahrhundert heraus. Insbesondere der von Huch erwähnte Bamberger Arzt Adalbert Friedrich Marcus zog viele Patientinnen und Patienten, aber auch Forscherinnen und Forscher an, wie man an einem im Stadtarchiv Bamberg teilweise erhaltenen Gästebuch feststellen kann.[76] Ein wichtiger, freilich streitbarer Kollege von Adalbert Friedrich Marcus war vor Ort Andreas Röschlaub (1768–1835), der wie Marcus am Anfang seiner Tätigkeit mit der Erregungstheorie des Schotten John Brown (1735–1788) experimentiert hatte. Brown definierte „Leben als einen durch Reize regulierten Erregungszustand"[77], woraufhin Novalis die Poesie als die „große Kunst der Construction der transcendentalen Gesundheit" deutete. Marcus - und die weitere Medizingeschichte - hat diesen „Brownianismus" jedoch bald nicht mehr weiterverfolgt.

Ende Februar 1800 erkrankte die damals mit August Wilhelm Schlegel verheiratete Caroline Schlegel jedenfalls schwer, wahrscheinlich an Liebessehnsucht zu Friedrich Schelling. Am 5. Mai verließ Caroline Jena in Richtung Bamberg, später wollte sie nach Bad Bocklet weiterreisen. Am 8. Mai kam sie mit ihrer Tochter Auguste in Bamberg an – Friedrich Schelling hat die beiden wohl begleitet.

Caroline und Auguste machten in Bamberg viele Bekanntschaften. „So erwähnt Caroline in einem Brief an Schelling vom 9. Juni 1800 den Besuch bei einer der Schwägerinnen von Marcus. Mit Fanny Marc und der Gräfin Rothenhan lernt sie bei dieser Gelegenheit zwei Frauen kennen, deren Töchter E.T.A. Hoffmann später während seiner Bamberger Zeit [1808–1813] musikalisch unterrichtete, wobei er sich in Julia, die Tochter Fanny Marcs, schwärmerisch verliebte."[78]

Allerdings war die „Verliebtheit" Hoffmanns nicht nur „schwärmerisch"; nach seinem eigenen Zeugnis grenzte sie an „Wahnsinn", ja bis an Selbstmordgedanken.[79] Auch er litt also an einer Art „Liebeskrankheit" - wie Caroline Schlegel, wie die enttäuscht-verzweifelte Frau eines Abtes Grumbach[80], wie Lord Byron[81], Karoline von Günderrode[82] oder Goethes Werther. Das war vielleicht typisch für eine Zeit, in der man das „Ich" von verschiedenen Seiten aus im Grunde neu entdeckte – eigene Vernunft, eigener Verstand, eigene Empfindsamkeit –, aber mit diesem noch nicht recht umgehen konnte.

Die unerfüllte Liebe von und zu Luise Hensel wurde bereits erwähnt. Ihr „Nachtgebet" gehört zu den eher tröstlichen Erinnerungen, die man nicht nur in Bamberg an die Kindheit hat. Diese Zeilen waren vielleicht der letzte, ganz persönliche und unmittelbare Zugang des Religiösen in unser Innerstes in der Neuzeit. Dieser Zugang war zugleich etwas Familiäres: Mutter und Vater beteten das Nachtgebet gemeinsam mit den Kindern, die Gott an ihrem „Bettchen" wähnten und selig einschliefen, bewacht von einem Schutzengel, der „wirklich da" war.

Doch zurück zum Aufenthalt der Caroline Schlegel in Bamberg. Im Buch „Romantische Liebe..." heißt es wiederum: „Unter den anwesenden Gästen [bei Fanny Marc in Bamberg] hebt Caroline besonders die Gräfin Rothenhan hervor, denn es sei doch ‚eigentlich ein Rendezvous mit ihr' gewesen. Die Rothenhansche Familie gehörte zu den ersten Adressen Bambergs.

Gedenktafel für Julia Marc, die von E.T.A Hoffmann verehrte Gesangsschülerin, an ihrem Wohnhaus in Bamberg

Ehemaliges Palais Rothenhan in Bamberg, einst ein musikalisch-literarischer Salon

Dorothea (Dorette) von Rothenhan, geb. Freiin von Liechtenstein (1765–1837) war zu diesem Zeitpunkt seit fast zwei Jahren verwitwet, nachdem ihr Gatte, der fürstbischöfliche Oberstallmeister und Staatskonferenzrat Friedrich Christoph Graf von Rothenhan, am 4. November 1798 verstorben war. Wie einem zeitgenössischen Journal zu entnehmen ist, galt die Gräfin allgemein als Vorbild einer Dame in der Erfüllung vielfältigster Rollen – ‚in allem musterhaft, in allem groß', ob als Gattin, Mutter und Erzieherin, echte Christin oder aber als ‚liebe und teilnehmende Gesellschafterin.'"[83] Hier wird deutlich, wie man das „Ich" und die eigene Seele auf familiär-freundschaftliche Weise finden konnte, weshalb gerade in der Romantik (literarische) Salons entstanden. Die bedeutendsten gab es freilich in Berlin, geführt von Henriette Herz (1764–1847) und Rahel Varnhagen von Ense (1771–1833).[84]

„Romantische Salons" fand man in Bamberg außerdem bei Fanny Marc, bei der Familie Liebeskind[85] und bei den Dirufs – wo Geister wie Hegel, Hoffmann und Caroline Schlegel verkehrten, inspiriert von Julie Diruf. Hinzufügen sollte man noch den Salon der Baronin Charlotte von Redwitz, die E.T.A. Hoffmann als außergewöhnlich guten Unterhalter sehr schätzte und meinte, man müsse ihn dafür ebenso bezahlen wie für seinen Musikunterricht.[86] Weiter heißt es in „Romantische Liebe...": „Aus den wenigen Briefzeilen Carolines über die Begegnung mit der Gräfin Rothenhan läßt sich eine wechselseitige Sympathie zwischen den beiden Frauen herauslesen. [...] Dorothea von Rothenhan [soll] in ihrer Erziehung bemüht gewesen sein, ihren Kindern nicht den ‚unertraeglichen und laecherlichen Stolz auf zufaelligen Stand und leere Titel einzufloeßen'. Diesen fehlenden Standesdünkel hebt auch Caroline hervor, wirkte auf sie die Gräfin doch – positiv gemeint – ‚ganz und gar nicht adelig'. Weiter wird in der journalistischen Lobpreisung von der Gräfin behauptet, daß sie Gesellschaften eigentlich nur selten und ‚aus gewisser Notwendigkeit' besuche, denn ‚[...] sie vermag den laestigen Ton nicht gut zu ertragen [...]: man kommt zusammen, trinkt Thee, spricht von Mode, etwas weniges aus der Zeitung und Theuerung, zischt die Abwesenden aus, und beobachtet einander, um in anderen Gesellschaften wieder reichhaltigen Stoff zu haben. – Unsere Graefin ist keine Freundin solcher abgeschmackten Zeitvertreibe'. (Dame, 1792, S. 109). Wo sie aber erscheine, dort zeige sie sich dann als ‚gespraechig, liebreich, gutmeinend, nie beleidigend'.

Auch diesen Eindruck bestätigt Caroline in ihrem Rückblick auf das Treffen am 7. Juni, weiß sie doch zu berichten, die Rothenhan habe ‚sich so gefreut und wir haben unendlich viel mit einander geschwazt'."[87] Ein schöner Einblick in die Salonkultur.

Am 9. Juni 1800 erhielt Caroline Besuch von der Commerzienräthin Marcus, am 12.reiste sie mit Auguste nach Bad Bocklet ab, wo beide spätestens am 22. eintrafen. Schelling verließ Ende Juni wieder seine Eltern und kam wohl ebenfalls direkt nach Bocklet, wo er jedenfalls am 4. Juli eingetroffen ist. Auguste wurde dort schwer krank und starb plötzlich, wohingegen sich Caroline sehr gut erholte.

Mitte Juli kehren Caroline und ihr geliebter Friedrich Schelling nach Bamberg zurück, wo sie vorerst im damaligen „Bamberger Hof" wohnten. Nachdem der Ehemann von Caroline, August Wilhelm Schlegel, vom Tod Augustes gehört hatte, reiste er ebenfalls nach Bamberg. Anfang Oktober verließ Schelling Bamberg wieder, und August Wilhelm Schlegel und Caroline gingen nach Gotha. Im Oktober schrieb sie ihrem Geliebten Friedrich Schelling dann aus Göttingen und Braunschweig: „Ich habe Dich innig lieb, ich küsse Deine Stirn Deine beyden lieben Augen und den süßen Mund."[88]

In der Zeit, in der sie in Bamberg allein sein konnten, hatten sie anscheinend eine sehr heftige Liebesaffäre, während der Friedrich Schelling wohl das erste Mal in seinem Leben eine sexuelle Begegnung mit einer Frau hatte. 1803 ließ sich Caroline von August Wilhelm Schlegel scheiden und heiratete 1803 Friedrich Schelling. Beide wohnten zuerst in Würzburg, in direkter Nähe zum Ehepaar Paulus (siehe unten), und ab 1806 in München, wohin Schelling an die Universität berufen worden war. In der bayerischen Hauptstadt hielten sich damals auch Clemens und Bettine Brentano sowie Ludwig Tieck und dessen Schwester auf. 1809 verstarb Caroline Schlegel-Schelling jedoch schon in Maulbronn und Schelling wurde auf den vakanten Lehrstuhl Hegels nach Berlin berufen, 1854 starb er in Bad Ragaz.

Zu betonen wäre, dass dieser bedeutende Romantiker im Sommer 1800 in Bamberg Vorlesungen gehalten hat. Es war ein nicht unwichtiges Jahr für seine philosophische Entwicklung. Um ein paar seiner Worte kennenzulernen, kann man Gedanken Schellings zur Psychologie herausgreifen: Für ihn existiert nur die „Einheit der Seele und des Leibes, d. h. in der Idee des Menschen", und er fragt sich, wozu es so etwas wie Einbildungskraft, Genie usw. geben solle. Denn im Grunde seien doch alle einander gleich, „und was man mit jenen Worten bezeichnet, ist doch nur das Übergewicht der einen Seelenkraft über die andere, und insofern eine Krankheit, eine Abnormität, [eigentlich nur eine Art des Wahnsinns, in der noch Methode ist], statt daß bei den vernünftigen, ordentlichen, nüchternen Menschen alles in behaglichem Gleichgewicht und darum in vollkommener Gesundheit ist."[89] Schelling verfolgte auch in medizinischer Hinsicht seit 1797

Bad Bocklet, wo Auguste Böhmer, die Tochter von Caroline Schlegel, starb

einen naturphilosophisch-ganzheitlichen Ansatz, der den Organismus als systemische Einheit auffasst, in dem bei Gesundheit ein Gleichgewicht der Kräfte herrscht.[90]

Als er Caroline Schlegel und ihre Tochter Auguste in Bad Bocklet aufsuchte, waren seine Heilungsversuche jedenfalls nicht von Erfolg gekrönt, und die ganze „romantische Medizin" im Sinne des Bamberger Arztes Röschlaub war im Grunde gescheitert. Der Tod Augustes hat in der ganzen damaligen Geisteswelt große Bestürzung ausgelöst. Auch Goethe, Caroline und Auguste innig verbunden, war sehr betroffen.

Auguste Böhmer (1785–1800) stand schon in Jena im Mittelpunkt des Romantiker-Kreises. Sie wurde geradezu verhätschelt und mit Zuneigung überhäuft. Außerdem fühlte sich das lebenslustige und fröhliche Mädchen zu Kunst und Literatur sehr hingezogen. Auch sie war wie ihre Mutter Friedrich Schelling liebevoll zugetan.

Durch sie erhält man einen guten Eindruck vom romantisch-seelenvollen Naturempfinden. Im Mai 1800 machte sie einen Ausflug nach Schloss Seehof in Memmelsdorf bei Bamberg und berichtete darüber: „In Seehof, dem Lustschloß des Fürsten, waren wir neulich, es ist ein großer, altmodiger Garten im Französischen Geschmack."[91] Im selben Monat ging sie durch den „moderneren" Englischen Park nach Bug, südlich von Bamberg. Direkt als sensationell zu bezeichnen ist die Tatsache, dass dieser Wald südlich von Bamberg, der heute sogenannte Hain, den E.T.A. Hoffmann während seiner Anwesenheit vor Ort fast täglich durchquerte, schon seit dem Spätmittelalter beziehungsweise zu Beginn der Neuzeit im 16. Jahrhundert unter Naturschutz gestellt worden war[92], um die nachwachsenden Rohstoffe zu kultivieren, wie man heute sagen würde. Das führte schließlich dazu, dass der Bamberger Hain Deutschlands ältestes Waldschutzgebiet und damit ein Naturerbe von europäischer Bedeutung geworden ist.[93] Schon in

Im ehemaligen „Allgemeinen Krankenhaus" hielt Friedrich Schelling im Jahre 1800 Vorlesungen, in der Kapelle über dem Portal

Spazierweg durch den Bamberger Hain in den Vorort Bug, seit der Romantik allenthalben beliebt

18. Jahrhundert gab es Überlegungen, Spazierwege entlang der Regnitz bis in den genannten Vorort Bug, wo sich noch heute ein Ausflugslokal befindet, zum Promenieren anzulegen. Das Lokal besuchte E.T.A. Hoffmann sehr oft – am 13. April 1812 traf er dort zufällig den Komponisten Giacomo Meyerbeer.[94] Dieser fand den Weg nach Bug „ungemein romantisch", und die Berge bei Bamberg eröffneten seiner Meinung nach „herrliche Aussichten".[95] Felix Mendelssohn Bartholdy hatte dort einen Walzer mitgehört und diesen in ein Quartett eingearbeitet.[96]

Auguste Böhmer schwärmte 1800 geradezu vom Weg von der Bamberger Innenstadt durch den Hain nach Bug: „Aber der Weg dahin ist sehr schön, stell Dir vor, man geht längst dem Flusse, der Redniz [sic] heißt, hin, zur rechten das Wasser und zur linken einen sehr schönen Eichenwald, auf der anderen Seite des Flusses eine Kette von schönen grünen Hügeln, die sich im Wasser spiegeln und oben mit niedlichen kleinen Gartenhäuserchen gekrönt sind. Vor sich in der dunklen Ferne sieht man Buch [=Bug] liegen, und wenn man zurücksieht, so erhebt sich die Stadt mit all ihren Thürmen aus dem Wasser, kurz es ist eine himmlische Gegend, und so eine schöne Aussicht in der Ferne nach Erlangen zu, ich kann Dirs gar nicht beschreiben."[97]

Dieser eher „Englische Garten" hat ihr demnach besser gefallen als der nahe gelegene Park Seehof im „Französischen Stil", eine betont rechtwinklig angelegte Anlage. E.T.A. Hoffmanns Erlebnisse und Einfälle auf dem Weg in die Gaststätte nach Bug haben übrigens einen köstlichen Niederschlag gefunden in den Erzählungen vom sprechenden Hund Berganza und von den „Folgen eines Sauschwanzes".

Bemerkenswert in diesem Zusammenhang, dass zur selben Zeit, nämlich 1793, als sich der Weg nach Bug zur romantischen Promenade herausbildete, der Kutschenverkehr durch diesen Wald wenige Hundert Meter weiter östlich bisweilen militärisch vor „Diebsbanden" geschützt werden musste. So schrieb Friedrich Hölderlin in einem Brief an seine Freunde: „...kam spät nach Mitternacht in Bamberg an, auf einem verdamt kalten und unsichern Wege, wo man uns wegen der Diebsbanden in den Wäldern einen Husaren entgegenschikte."[98]

3. „Waldeinsamkeit"

Ein Beispiel für die negativ erlebte, sprichwörtliche „Waldeinsamkeit". Allgemein stellt sich die Frage, welche Rolle das Alleinsein, die Einsamkeit auf der Suche nach dem Ich, nach der eigenen Seele, gespielt haben mag und – unter dem Einfluss der Romantik – heute noch spielt. In den beliebten, bereits angesprochenen Salons und in der geschätzten familiären Umgebung war Einsamkeit sicher nicht gefragt. Den Brüdern Grimm etwa war das Zusammensein geradezu ein Lebenselixier[99], ähnlich wie für die Familie Mendelssohn mit ihren „Sonntagsmusiken"[100]. Diverse Salons wurden ja bereits erwähnt. Den philosophischen Hintergrund lieferte Friedrich

Schleiermacher (1768–1834), der in Berlin ein Jahr mit Friedrich Schlegel zusammenwohnte.[101] Schlegel „drängte Schleiermacher zum Schreiben". Er formulierte dann die These, dass die „freie, durch keinen äußern Zweck gebundene und bestimmte Geselligkeit" wie ein Kunstwerk bildend auf das Gemüt wirke, „ja selbst zum Kunstwerk werden" könne.

Vielleicht kann man zusätzlich das Hofgut Trages, direkt an der Grenze zu Franken bei Aschaffenburg gelegen, als „Literarischen Salon" bezeichnen. Der Eigentümer war Carl von Savigny (1779–1881), Rektor der Universität zu Berlin[102], Gäste waren Karoline von Günderrode (1780–1806), Clemens Brentano, Achim von Arnim, Bettina Brentano sowie die Brüder Grimm.[103] Eine Gegenbewegung zu diesen Zusammenkünften war, gerade in Adelskreisen, der „Eremitagen"-Kult, der von den seinerzeit durchaus noch

Typische Waldeinsamkeit mit Hirsch, im Müritz-Nationalpark

Gedenkstein für den Lieblingsplatz von Charlotte von Kalb in ihrer Waldeinsamkeit im Steigerwald

zahlreichen Eremiten inspiriert war. Die Markgräfin Wilhelmine nahm das Alleinsein in ihrer Eremitage ganz ernst. Auf der anderen Seite entstanden „Eremitagen" gigantischen Ausmaßes, die mit dem Alleinsein nichts mehr zu tun haben konnten. Als ein Höhepunkt dieser Mode dürfte diejenige in Sankt Petersburg gelten.[104] Den Teil der sog. „Neuen Eremitage" errichtete zwischen 1839 und 1852 der bayerische Hofarchitekt Leo von Klenze (1784–1864).

Waren die Romantiker in der Realität überhaupt auf der Suche nach der – oft von ihnen selbst – vielfach erwähnten „Einsamkeit"? Oder waren ihre Reden von Stille und Einkehr nur Sehnsuchtsfantasien, ohne selbst wirklich vor Ort gewesen zu sein? Charlotte von Kalb (1761–1843), die Freundin Schillers, Hölderlins und Jean Pauls, hielt sich nachweislich ihrer Schriften gern an einer abseits gelegenen Waldquelle im Steigerwald bei Bamberg auf, wohin sie wohl einmal Hölderlin mitgenommen hat.[105] Darüber hinaus waren Wanderer wie Seume, Goethe und Felix Mendelssohn Bartholdy sowie Spaziergänger wie E.T.A. Hoffmann im Stile Adalbert Stifters zumindest phasenweise allein in Waldgebieten unterwegs, soweit sie nicht von Dienstpersonal oder Assistenten begleitet wurden. Was freilich bei Forschungsexpeditionen (Georg Wilhelm Steller aus dem fränkischen Bad Windsheim, Alexander von Humboldt, Johann Baptist von Spix aus dem fränkischen Höchstadt an der Aisch) unumgänglich war.

Am Ende des 19. Jahrhunderts geriet manchen das Alleinsein zum Albtraum, etwa der bei Fontane beschriebenen „Effi Briest".[106] Sie verfällt manchmal in ein negatives „Gefühl der Einsamkeit". Zufälligerweise erlebt sie ihre schlimmste Albtraumstunde beim Lesen einer Geschichte über die „Weiße Frau", die mit der Eremitage der Markgräfin Wilhelmine bei Bayreuth verbunden ist. Der jungen Effi ist die Ich-Findung in der Einsamkeit nicht möglich, weshalb sie sich in eine verhängnisvolle Affäre flüchtet. Es war eine der vielen Fluchten vor der Einsamkeit des modernen Menschen, die wohl mit der Industrialisierung begann. Viel ist darüber geschrieben worden, eine hervorragende Anthologie von Texten erschien 1980.[107]

„Fingalshöhle" in Mittelfranken, bei Bad Windsheim, dem Geburtsort von Georg Wilhelm Steller (1709-1746), dem bedeutenden Alaska-Forscher. Mit Ritter von Spix, Alexander von Humboldt, Adalbert von Chamisso und anderen erinnert er an die großen Expeditionen der damaligen Zeit

Am 5. Oktober 1856 schrieb der Berlin-Brandenburger Theodor Fontane übrigens aus Bamberg an seine Frau Emilie: „Der Tag war schön; der alte Dom von Bamberg eine der sehenswerthesten, eigenthümlichsten Kirchen, die mir je zu Gesicht gekommen."[108]

An anderer Stelle in Franken, nämlich bei Bad Windsheim westlich von Nürnberg, kann man wiederum – wie bei der Markgräfin Wilhelmine und Auguste Böhmer – das besondere, eher positive romantische Naturerlebnis in Einsamkeit nachempfinden: in einem uralten, fast zugewachsenen Steinbruch, den wohl adelige, lesende Damen aus der Umgebung „Fingalshöhle" nannten. Der Name stammt aus dem Versepos „Ossian", von dem viele Romantiker, einschließlich Goethe, dachten, es sei altschottisch. In Wirklichkeit war es eine Art Fälschung, denn die Erzählung wurde um 1760 von dem Schotten James Macpherson im altschottischen Stil gedichtet, aber als historische ausgegeben.[109] Den „Ossian" hat man international gefeiert, und in Mittelfranken wurde die Ossian-Geschichte in eine Art Höhle mehr oder weniger feierlich übertragen. Viele Inschriften auf den dortigen Felsen sind leider schon verwittert – sodass sie heute umso geheimnisvoller, „romantischer" wirken und Raum lassen für das Hineinversetzen in eine mittelalterliche Rittergestalt.

Historische Einritzungen im Fels der „Fingalshöhle"

1829 reiste Felix Mendelssohn Bartholdy zum Originalschauplatz der „Fingalshöhle" aus dem „Ossian" auf der schottischen Insel Staffa und notierte einige Noten, die ihm zu den dortigen Hebriden-Inseln einfielen. Die Endfassung der „Hebriden"-Ouvertüre wurde 1833 in Berlin uraufgeführt und fand unter anderem das Lob Richard Wagners, weil sie vielleicht einen spezifischen Typ der Einsamkeit erklingen lässt: die grandiose Einsamkeit der nördlichen Länder. Mancher mag dort sein Ich in einer universalen Großartigkeit aufgehoben fühlen.[110]

Auf der Höhe seiner literarischen Briefkunst verfasste Felix Mendelssohn Bartholdy 1839 die Schilderung eines kleinen Familienfestes „tief im Walde" bei Frankfurt am Main, das man einsam und familiär zugleich nennen könnte. Familiär fühlte sich Mendelssohn, weil seine Tante Dorothea Schlegel mit Familie dabei war.[111]

In vielen Gedichten hat Joseph von Eichendorff (1788–1857, lebte insgesamt 19 Jahre in Berlin[112]) die Waldeinsamkeit thematisiert: „Die Sehnsucht nach der Heimat, den Liebsten, der Waldeinsamkeit zieht sich als Leitmotiv durch Eichendorffs Lyrik."[113]

4. Romantischer Itzgrund

Mendelssohn war schon 1827 vom Thüringer Wald über Coburg und das Maintal nach Bamberg gekommen, wobei er in der Barockkirche von Banz Orgel spielte und Noten kopierte. Andere Romantiker durchquerten zwischen Bamberg und Coburg den Itzgrund und schwärmten in den höchsten Tönen davon. Johann Gottfried Herder (1744–1803) schrieb 1788 an seine Frau Caroline: „Und so fuhr ich, das schönste Wiesental zur Seite, bis Abend zwischen 8 bis 9 Uhr nach Bamberg. Es ist die schönste Gegend von der Welt, und man errötet, wenn man an die Länder über dem Thüringerwalde zurückgedenket [...] Göthe und Knebel können Dir von dem herrlichen Tal erzählen, das längs der Itz von Koburg hinunter läuft."[114] Im Jahr 1793 kam Friedrich Hölderlin durch Bamberg, auf der Weiterreise nach

Waltershausen, wo er seinen Dienst als Hofmeister, also Hauslehrer für Fritz, den Sohn der Charlotte von Kalb, antreten sollte. Den Itzgrund, den er nördlich von Bamberg durchquerte – parallel zu Mendelssohns Maintal –, nannte er „ein himmlisches Tal". Anscheinend konnten in dem weitläufigen Tal die Seelen der Romantiker im Sinne Eichendorffs „ihre Flügel" ausspannen, da sie neben der Ich-Findung in dunklen, geheimnisvollen Höhlen die Weite, das geradezu Unendliche liebten. Mehrere Gedichte des großartigen Eichendorff zeugen davon.

Zu Charlotte von Kalb ist für unseren Zusammenhang noch anzumerken, dass sie 1820 erblindet und ohne Vermögen ins Berliner Schloss aufgenommen wurde, wo sie 1843 starb.[115] Früher hatte sie eine Ehe mit Friedrich Schiller in Betracht gezogen, der einst im Gutshaus der Henriette von Wolzogen (1745–1788) in Bauerbach, direkt an der Grenze zu Franken, aufgenommen worden war. Interessanterweise war Henriette eine geborene Marschalk von Ostheim und dadurch weitläufig mit Charlotte von Kalb verwandt. Sie stellte übrigens wie viele adelige Damen eine Gesellschafterin an, um der Einsamkeit zu entgehen. Letztere hatte wohl mit Hölderlin ein Kind, das früh verstarb.

5. W.G. Sebald und Stendhal

Zum Jahre 1800 wäre noch ein bemerkenswerter Zusammenhang zu ergänzen. Am Anfang seines Romans „Schwindel. Gefühle" schreibt nämlich der große Dichter des 20. Jahrhunderts, W.G. Sebald: „Mitte Mai des Jahres 1800 zog Napoleon mit 36000 Mann über den Großen St. Bernhard, ein Unternehmen, das bis zu diesem Zeitpunkt für so gut wie ausgeschlossen gegolten hatte. ... Zu den wenigen nicht namenlos gebliebenen Teilnehmern an dieser legendären Alpenüberquerung gehörte Henri Beyle."[116] Im weiteren Verlauf erzählt Sebald die Lebensgeschichte Beyles, der sich später Stendhal nannte – nach dem Ort ca. 100 Kilometer westlich von Berlin – und ein Buch über die Liebe verfasste, wiederum auf der Basis eines unglücklichen Liebesverhältnisses. Interessant ist zusätzlich, dass Sebald,

Neue Residenz in Bamberg, mit Rosengarten

der sich unter anderem mit Hölderlin verbunden fühlte, sozusagen ein Bamberger war, weil er nach eigenen biografischen Rekonstruktionen in Bamberg gezeugt worden sein muss. Bei einem späteren Besuch in der fränkischen Stadt suchte er die Plätze auf, die einst seine Eltern gesehen hatten.[117]

Beyle war 1806 als hoher napoleonischer Offizier in einem Gebäude in Berlin einquartiert, bei dem es sich heute wohl um die Bertelsmann-Repräsentanz Unter den Linden 1 handelt.[118] 1815 kam übrigens ein anderer hochrangiger Offizier Napoleons, der Marschall Louis-Alexandre Berthier (geb. 1753), bei einem Sturz aus dem Fenster der Neuen Residenz in Bamberg ums Leben.

In derselben Residenz wurde 1808 Herzog Max in Bayern, der Vater der späteren Kaiserin Elisabeth von Österreich („Sissi") geboren. Da er sehr gern Zither spielte, wurde er als „Zither-Maxl" bekannt. 1862–67 lebte in der Residenz (im Exil) außerdem König Otto von Griechenland mit seiner Gemahlin Amalie von Oldenburg. Heute befindet sich in der Neuen Residenz eine bedeutende Sammlung von Gemälden und vor allem die berühmte Staatsbibliothek Bamberg mit ihren Schätzen aus dem UNESCO-Weltdokumentenerbe. Im Bereich E.T.A. Hoffmann pflegt sie ein gemeinsames Portal mit der Staatsbibliothek zu Berlin Stiftung Preußischer Kulturbesitz.[119]

6. Romantik, Politik und Gesellschaft – in ausgewählten Schlaglichtern

Als typisch fränkischer Romantiker wird der in Karlsruhe geborene und verstorbene Viktor von Scheffel (1826–1886) angesehen, da er sich 1859 im Obermaintal aufgehalten und ein Loblied auf Franken verfasst hat. Eine dichterische Meisterleistung ist es eher nicht, obwohl Teile davon gerne gesungen und von manchen wie ein Volkslied angesehen werden. Die fünfte und sechste Strophe handelt von einem echten Einsiedler, der noch lange am Staffelberg nördlich von Bamberg gelebt hat.[120] Bei Scheffel erkennt man eine romantisch-nationalistische, manchmal fast militaristische Einstellung und fragt sich, ob diese grundsätzlich zur Romantik gehört oder nicht. Vielleicht ist der immer wieder aufkommende Nationalismus ein Irrgefühl auf der Suche nach der eigenen Seele.

Vogelsaal in der Sammlung des Naturalienkabinetts in Bamberg, um 1810 eingerichtet

Durchaus politisch gesinnt war Karl Lebrecht Immermann (1796–1840), der im Gegensatz zu Stendhal als Freiwilliger am Krieg gegen Napoleon teilnahm und über Bamberg sagte: „Das ist eine Stadt, die steckt voller Raritäten, wie die Kommode einer alten Großmama, die viel zusammenscharrte."[121] War das Sammeln möglicherweise eine Ablenkung von der Einsamkeit? Unter Umständen war das „bürgerliche" bzw. adelige Sammeln, das im 19. Jahrhundert begann, ein Versuch, die Welt der Dinge im Zeitalter der aufkommenden Massenproduktion von Waren geistig-seelisch in den Griff zu bekommen. Ein besonderes Beispiel für die Sammelleidenschaft war der Beginn des Germanischen Nationalmuseums in Nürnberg.[122]

Politisch eher patriotisch war die Position des Dichters Heinrich von Kleist (1777–1811). Zwar wollte er den „Code Napoléon" drucken, doch war er ein Gegner dieses französischen „Kaisers", schrieb ein patriotisches Drama wie die „Hermannsschlacht" und – als Höhepunkt des historischen Dramas deutscher Literatur – den für seinen Fürst kämpfenden „Prinz von Homburg".

Zu Kleists (fränkischen) Beziehungen sei noch angemerkt: Im denkwürdigen Jahr 1800 weilte er in Würzburg[123], 1811 brachte E.T.A. Hoffmann im Bamberger Theater – als Mitarbeiter – Kleists romantisches „Käthchen von Heilbronn" als deutsche Uraufführung auf die Bühne. Hoffmanns einzige Tochter Cäcilia starb schon im Alter von zwei Jahren 1807 in Posen, und etwa zur selben Zeit lebte dort der Historiker und Rechtswissenschaftler Adam Müller; seine Tochter nannte er Cäcilie. Kleist widmete ihr seine Erzählung „Die heilige Cäcilie oder die Gewalt der Musik".[124] In Kleists „Käthchen" spielt das Träumerische eine maßgebliche Rolle – eine Dimension der menschlichen Seele, die Gotthilf Heinrich Schubert (1780–1860), wie gesagt, zu ergründen begann. Sein diesbezügliches Buch erschien 1814 in Bamberg, bei Hoffmanns Verleger-Freund Carl Friedrich Kunz (1785–1849). Politisch bösartiger erscheint Heinrich Eberhard Gottlob Paulus (1761–1851), ein Theologe mit antisemitischen Tendenzen, der 1789 seine Cousine Karoline (1767–1844) heiratete, die in der Romantik als Schriftstellerin etwas sentimentaler Romane bekannt wurde und kurzzeitig in Bamberg lebte.

Weil sie mit Dorothea Schlegel zeitweise befreundet war, kam jene 1808 nach Bamberg zu Besuch.

Überhaupt nicht antisemitisch war Jean Paul (1763–1825), der sich in zahlreichen Schriften mit dem jüdischen Handelsherrn Emanuel Osmund (1766–1842) austauschte. Seit 2010 bewahrt die Staatsbibliothek Bamberg mehr als 1100 Briefe und Billets des Schriftstellers. Sie geben Einblicke in die enge Beziehung der beiden Briefpartner: Emanuel Osmund vermittelte Jean Paul Kenntnisse über das Judentum und unterstützte den Dichter im Alltag, so durch die Lieferung von Schreibfedern und Bier, das Jean Paul zur Anregung seines Gedankenflusses wohl benötigte. Überhaupt waren die „Netzwerke" Jean Pauls schier unglaublich.[125] Um 1819 wurde er zum „Lieblingsdichter der Deutschen" hochstilisiert. In seiner unvollendeten Schrift „Selina" verteidigte er die Unsterblichkeit der Seele.

Die erwähnte Karoline Paulus hatte in Bamberg eine Romanze mit G.W.F. Hegel (1770–1831) und eine Affäre mit dem Arzt Adalbert Friedrich Marcus (1773–1816), der wiederum mit E.T.A. Hoffmann gut bekannt war und ihm den fortschrittlichen Umgang mit Geisteskranken nahe brachte – ein Thema, das Hoffmann bekanntlich literarisch verwertete (zum Beispiel im „Sandmann" und im „Goldenen Topf"). Die Paulus wollte ihre Liebessehnsucht durchaus sexuell ausleben. A.F. Marcus, der ihr ein Kind gezeugt hatte, schien das Publikmachen dieser Affäre gesellschaftlich jedoch nicht opportun. Er bestand auf einer Verheimlichung.[126]

Anhand der politischen Einstellung mancher Romantiker kann man gut die Entstehung eines exzessiven Nationalstolzes nachvollziehen[127]: Über die Liebe zur Natur und Kulturlandschaft entwickelte sich die Liebe zu den mit ihr verbundenen „alten Mären" und zum Vaterland. Eine Ideologie entstand einige Jahrzehnte später, indem dieses Vaterland nationalistisch über alle anderen Länder, ja selbst über den Wert von Menschen gestellt wurde. Für die Epoche um 1800 muss man darauf hinweisen, dass einer der meistverehrten Deutschen, Johann Wolfgang von Goethe, unter anderem (das antike) Italien verherrlichte und einen wunderbaren Zyklus mit dem Titel

Gedenkstein für Jean Paul im Fichtelgebirge

Blick auf das sizilianische Taormina, Sehnsuchtsziel im Zeitalter des Deutschen Idealismus

„West-östlicher Diwan" schuf, wobei das lyrische Ich des Dichters muslimisch ist. Und Hölderlin sehnte sich über die Maßen nach (dem antiken) Griechenland. – Selbstverständlich liebt man sein Vaterland, aber muss man das verabsolutieren und andere Länder oder Menschen herabsetzen? Interessant ist übrigens, dass man sich auch von seiner eigenen Heimat entfremden kann, obwohl man darin gefeiert wird.[128]

7. Das allgemeine romantische Beziehungsgeflecht zwischen Bamberg, Berlin und darüber hinaus

Die Autorin Katja Behrens hat eine Übersicht über das ganze „romantische Familiengeflecht" aufgestellt. Die Romantikerinnen und Romantiker bildeten nach ihrer Darstellung „so etwas wie eine über ganz Deutschland verbreitete Familie, eine weitverzweigte mit nahen und entfernten, verbündeten und verfeindeten Verwandten. Clemens Brentano* entzündete sich vorübergehend an Karoline von Günderrode [die sich einmal in Franken aufhielt]. Die liebte eine Zeitlang Carl von Savigny*. Der heiratete Clemens Brentanos Schwester Gunda. Die hielt eine Rivalinnen-Freundschaft mit der Günderrode. Die Günderrode war die wichtigste Frau im Leben Bettina Brentanos*. Bettina Brentano heiratete Achim von Arnim*. Der war mit Clemens Brentano befreundet. Clemens Brentano bewunderte und beleidigte die Jüdin Rahel Varnhagen*. Die freute und ärgerte sich über Bettina von Arnim. Bettina von Arnim holte sich väterlichen Rat bei Friedrich Schleiermacher*. Der war befreundet mit Rahel Varnhagen. Die war eine Jugendfreundin Dorothea Veits* [die in Bamberg ihre Freundin Paulus besuchte, welche wiederum Tochter, eine später verheiratete Schlegel hatte]. Die [Dorothea] erboste sich über ihre Schwägerin Caroline Schlegel [unter anderem wegen einer Affäre in Bamberg]. Caroline Schlegel war die erste Frau, die Friedrich Schlegel* ‚in der Mitte traf' [sie war aber zeitweise mit seinem Bruder verheiratet, der einmal mit ihr in Bamberg war]. Friedrich Schlegel war eifersüchtig auf Friedrich Wilhelm Schelling. [Der liebte Caroline Schlegel erstmals in Bamberg]. Die wurde von Bettina von Arnim als ‚hässlich wie eine alte Wildschnur' bezeichnet. Bettina von Arnim war eifersüchtig, weil die Tochter von Caroline Schlegels Freundin Luise Gotter Briefe mit Goethe [Kurzaufenthalt in Bamberg und Breitengüßbach] wechselte. Der ließ sich die Anbetung Bettina von Arnims eine Weile gefallen. Die verliebte sich ein wenig in Henry Gontard. Henry Gontard war der Sohn von Susette Gontard. Die war die Diotima Friedrich Hölderlins. Hölderlin war befreundet mit Isaac Sinclair [und mit der „Fränkin" Charlotte von Kalb* und hielt sich ein dreiviertel Jahr in Franken auf]. Der war mit Bettina Brentano und Karoline von Günderrode befreundet ..."[129]

In dieser – etwas ungeordneten – Liste fehlen etwa die Mendelssohns oder eine Schlüsselfigur wie der Jurist, Autor und Verleger Julius Eduard Hitzig (1780–1849), der mit den Mendelssohns verwandt und mit E.T.A. Hoffmann eng befreundet war. Über ihn und Adalbert von Chamisso schrieb er Biographien. Er hatte also sowohl mit Bamberg als auch mit Berlin* eine Verbindung (vorhandene Berlin-Beziehungen sind in der Liste mit einem Sternchen* gekennzeichnet).

8. Ein literarischer Titan[130]: Jean Paul

Jean Paul wird hier anscheinend – wie auch bei anderer Gelegenheit – nicht als Romantiker betrachtet, obwohl zum Beispiel Charlotte von Kalb, E.T.A. Hoffmann und viele andere zu seinem „Beziehungsgeflecht" gehörten. Wenn man von den Orten ausgeht, so muss man seine enge Bindung an Bayreuth betonen; im Winter 1800/01 hatte er aber einen längeren Berlin-Aufenthalt.[131] Sein teils experimentelles Schreiben in offenen Formen bedeutete nicht nur für ihn eine ganz eigentümliche Bewusstseinserweiterung – man denke nur an den köstlichen „Überflieger" Giannozzo, der die Welt 1801 aus einem Fesselballon heraus karikierte.[132] „Als Johann Paul Friedrich Richter 1825 in Bayreuth starb, hatte er tausende von Textseiten niedergeschrieben: Satiren und Idyllen, humoristische Romane mit verwickelten Handlungssträngen, aber auch Exzerpte aus den Werken anderer Autoren und zahllose Briefe. Aus Bewunderung für den französischen Aufklärer Jean-Jacques Rousseau veröffentlichte er seine Schriften unter dem Pseudonym Jean Paul."[133]

9. Julie Diruf und ihre Familie

Obwohl ihr Ehemann Dr. Carl Jakob Diruf später ein bedeutender Arzt wurde, ist hier seine Frau Julie (1781–1869) hervorzuheben, da sie – zumindest in ihrer Zeit in Bamberg – für ihren bedeutenden, schon erwähnten „romantischen" Salon hochgeschätzt wurde.[134] Dort verkehrten unter

Verstecktes Schlösschen in Vorra, südlich von Bamberg, wo die Romantikerin Meta Forkel-Liebeskind 1792 ein Kind zur Welt brachte

anderem Hoffmann, Hegel und sein Freund Niethammer. Ihre Tochter Auguste (1808–82) verfasste ein Buch über Menschenkenntnis.[135] Eine weitere Tochter, Emma Seiler-Diruf (1821–86), wurde eine bedeutende Musikerin.[136] Sie erhielt Klavierunterricht von Friedrich Wieck, dem Vater von Clara Schumann, und in enger Zusammenarbeit mit Hermann von Helmholtz schrieb sie ein Standardwerk über die Frauenstimme. Zudem verkehrte sie mit Liszt, Wagner, Bülow und Gutzkow. Später ging Emma Seiler-Diruf in die USA, wo sie besonders geehrt wurde und wo noch 2019 eine Doktorarbeit über sie erschien.

Laura, die jüngste, in Würzburg geborene Tochter Julie Dirufs, heiratete den Arzt und Musiker Carl Friedrich Canstatt (1807–1850), einen Freund von Felix Mendelssohn Bartholdy aus dessen späteren Pariser Tagen. Über eine ganze Reihe weiterer Bamberger bzw. fränkischer Romantikerinnen und Romantiker kann man etwas nachlesen in dem Buch „Lebensläufe wie Liebeslieder"[137], insbesondere über Meta Forkel-Liebeskind, Königin Victoria, Katharina Treu, Barbara Krafft, Henriette Feuerbach, Franziska von Fritsch, Wilhelmine Schröder-Devrient, Augusta Schloenbach und viele andere. „Fränkisch" heißt hier, dass sie sich einmal in Franken aufgehalten und hier nicht selten entscheidende Anregungen erfahren haben.

Familiengrab der Diruf auf dem Kapellenfriedhof in Bad Kissingen

V

Überleitung nach Berlin

Große Vertreter
der Klassik und Romantik
zwischen Königsberg,
Berlin und Franken:
Heinrich von Kleist
und E.T.A. Hoffmann

1. Heinrich von Kleist in Würzburg

Wenn man sich an den Orten orientiert: Würzburg spielte, wie erwähnt, für Heinrich von Kleist eine bedeutende, therapeutische Rolle. Man spürt den Erholungseffekt in einem poetischen Brief vom 10. und 11. Oktober des denkwürdigen Jahres 1800 an Wilhelmine von Zenge – darin geht es auch um seine Seele: „In meiner Seele sieht es aus, wie in dem Schreibtische eines Philosophen, der ein neues System ersann, und einzelne Hauptgedanken auf zerstreute Papiere niederschrieb…."[138] „Zerstreute Papiere"? Die Erinnerung an den Kater Murr wird wach. Später klingen die zentralen romantischen Themen Gefühl, „schöne Seele" und Einsamkeit an: „Das Gefühl, *im Innern schön zu sein*, und das Bild das uns der Spiegel des Bewußtseins in den Stunden der Einsamkeit zurückwirft, das sind die Genüsse, die allein unsere heiße Sehnsucht nach Glück ganz stillen können."

Derselbe Main, den Felix Mendelssohn Bartholdy in Bamberg ähnlich schildert, wird Kleist in Würzburg zur beglückenden Seelenlandschaft: „O wie herrlich war der Anblick des Maintals von dieser Höhe! Hügel und Täler und Wasser, und Städte und Dörfer, alles durcheinander wie ein gewirkter Fußteppich!"

Im März 1801 aber – wieder in Berlin – erleidet Kleist seine berühmte „Kant-Krise". Die Philosophie des damals schon weit bekannten Königsbergers Immanuel Kant (1724–1804), der mit Felix Mendelssohn Bartholdys Großvater Moses über die Seele disputiert hatte[139], macht Kleist zu schaffen. „Wir können nicht entscheiden, ob das, was wir Wahrheit nennen, wahrhaft Wahrheit ist, oder ob es uns nur so scheint." Zu einem Buch, das ihn eigentlich trösten sollte, schreibt er dann: „… eine unaussprechliche Leere erfüllte mein Inneres …."

Seine Briefpartnerin Wilhelmine von Zenge heiratete später Traugott Krug (1770–1842), den Nachfolger auf dem Philosophie-Lehrstuhl von Kant in Königsberg, der vielleicht einmal mit E.T.A. Hoffmann in Leipzig

Blick auf Würzburg und den Main vom Käppele aus

zusammentraf. – Letztlich hat Kleist den schwierig zu lesenden Philosophen nicht ganz korrekt verstanden. Schon damals schrieb sein Freund Theodor Gottlieb von Hippel (1741–1796), Onkel des gleichnamigen Königsberger Freundes (1775–1843) von E.T.A. Hoffmann, in einem Brief: „Eine Dunkelheit darin, die ihresgleichen sucht! Mir ist's zu hoch ..."[140]

Eine weitere Gemeinsamkeit mit Mendelssohn und dem Berliner Romantiker Wackenroder offenbart sich in einem Brief Kleists vom Mai 1801 aus Leipzig: „Nirgends fand ich mich aber tiefer in meinem Innersten gerührt, als in der katholischen Kirche, wo die größte, erhabenste Musik noch zu den andern Künsten tritt, das Herz gewaltsam zu bewegen."[141] Noch heute wird das Herz von kirchenfernen Menschen bei Kirchenkonzerten gerührt, wie große Besucherzahlen erweisen.

2. E.T.A. Hoffmanns Lebensweg und Seelenkunde, erster Teil: von Königsberg bis Bamberg

Wie erwähnt, hatte E.T.A. Hoffmann in Bamberg mitgeholfen, Kleists romantisches Drama „Käthchen von Heilbronn" auf die Bühne zu bringen. Geboren wurde Hoffmann 1776 in Königsberg, wo er 1792 ein Jurastudium begann.[142] Für Philosophie hat er sich nicht unbedingt interessiert, und ob er jemals Kants Vorlesungen besuchte oder sich mit dessen Theorien auseinandersetzte, ist umstritten.[143] Vielleicht hat er in dieser Hinsicht auch „vieles auf sich beruhen lassen".[144]

In der „Kurzbiographie" des reichhaltigen E.T.A. Hoffmann-Portals der Staatsbibliothek zu Berlin (erstellt in Zusammenarbeit mit der Staatsbibliothek Bamberg und der E.T.A. Hoffmann-Gesellschaft Bamberg) heißt es über Hoffmanns erste Jahre vor dem Studium: „Er wuchs in zerrütteten Familienverhältnissen mit einem trinkenden Vater und einer hysterischen Mutter auf. Nach der Scheidung der Eltern lebte er bei seiner Mutter, wurde jedoch weitgehend durch den Onkel Otto Dörffer, einem frommen, beschränkten und strengen Juristen, erzogen. Dieser sorgte jedoch früh für Musik- und Zeichenunterricht, sodass Hoffmann bereits mit 13 Jahren seine ersten Kompositionen zu Papier brachte. – Ab 1782 besuchte Hoffmann die reformierte Burgschule, an der er in Theodor Gottlieb von Hippel einen Freund fürs Leben fand."[145]

Schon während seines Studiums hat Hoffmann also gezeichnet und geschrieben. Nach dem ersten Jura-Examen erhielt er Anstellungen in Königsberg und Glogau. Im Anschluss an das Referendarexamen wurde er Gerichtsrat in Berlin, danach in Posen. Zwischendurch verlobte er sich mit seiner Cousine Minna Doerffer. „Aufgrund einiger Karikaturen, in denen sich Hoffmann über die Posener Gesellschaft lustig gemacht hatte, wurde er 1802 nach Plock/Weichsel strafversetzt."[146]

Posen ist für Bamberg in mehrfacher Hinsicht bedeutsam: 1005 schloss der Gründer der Stadt Bamberg, König Heinrich, der spätere Kaiser Heinrich II.,

Erstes Wohnhaus E.T.A. Hoffmanns in Bamberg, mit Tagebuch-Zitat auf der Mauer

einen Frieden mit dem Polenherzog, im 18. Jahrhundert siedelten Bauern aus der Umgebung von Bamberg bei Posen, und 1800 kam E.T.A. Hoffmann. Auf den Zusammenhang mit Kleist und Adam Müller wurde bereits hingewiesen.[147]

1802 heiratete Hoffmann „die Polin Maria Thekla Michalina Rorer-Trzynska; die Verlobung mit Minna hatte er zuvor gelöst. Die Jahre in Plock und ab 1804 als Regierungsrat in Warschau standen vor allem im Zeichen der Musik. Neben seinem Hauptberuf schrieb, zeichnete und komponierte Hoffmann, engagierte sich beim Aufbau einer ‚Musikalischen Gesellschaft' in Warschau und konnte als deren Dirigent erstmals eigene Werke aufführen. Mit dem Einrücken der französischen Truppen verlor er [jedoch] 1807 seine Anstellung und begab sich in Berlin auf Stellensuche"[148] – vorerst erfolglos. Aufgrund einer Suchanzeige kam er 1808 nach Bamberg, zuerst als Kapellmeister am Bamberger Theater. Nach dessen zeitweiligem Konkurs widmete er sich in Bamberg der Schriftstellerei, verschiedenen Aufgaben am Theater (Bühnenbild usw.) und dem Musikunterricht in Privathäusern. Ein angestrebter Handel mit Musikinstrumenten (Klavieren) scheiterte.[149]

„In der ‚Allgemeinen Musikalischen Zeitschrift' veröffentlichte Hoffmann neben seiner ersten Erzählung Ritter Gluck (1809) auch zwei wichtige Beethoven-Rezensionen, die später in den Aufsatz ‚Beethovens Instrumentalmusik' im ersten Teil der ‚Kreisleriana'[150] einflossen. Die Musik der Romantik, deren Wesen Hoffmann als ‚die unendliche Sehnsucht' bezeichnete, lag ihm besonders am Herzen und in Beethoven sah er sie in ihrer reinsten Form manifestiert. Beethoven höchstpersönlich wandte sich in einem Brief vom 23. März 1820 an Hoffmann, um für das Schreiben über seine Werke zu danken."[151] Goethe, der wie Hegel E.T.A Hoffmann ablehnte, wurde am Ende seines Lebens von Felix Mendelssohn Bartholdy mit der Musik Beethovens vertraut gemacht, dem er teils skeptisch gegenüberstand und für den E.T.A. Hoffmann öffentlich eingetreten war.

In seiner Art der „poetischen" Musikbetrachtung kam Hoffmann Mendelssohn und Kleist recht nahe – was noch genauer zu untersuchen wäre. In einzelnen Musikkritiken gehen bei Hoffmann auf einzigartige Weise fast

Historisches Piano, um 1830

„technische" musikalische Analysen in romantische Inspirationen über. In seiner Besprechung von zwei Beethovenschen Trio-Sonaten schreibt er: „Es ist dies fast die einzige Art, wie auch der Ton eines guten Flügels auf eine überraschende, wirkungsvolle Weise geltend gemacht werden kann. Werden nämlich diese Sextolen [im Text von Hoffmann eingetragen], mit aufgehobenen Dämpfern und dem Pianozug, mit geschickter, leichter Hand gespielt, so entsteht ein Säuseln, das an Aeolsharfen und Harmonika erinnert, und, mit den Bogentönen der übrigen Instrumente vereinigt, von ganz wunderbarer Wirkung ist. – Rez.[ensent] tat zu dem Pianozug und den Dämpfern auch noch den sogenannten Harmonikazug, der bekanntlich das Manual verschiebt, so, daß die Hämmer nur eine Saite anschlagen, und aus dem schönen Streicherschen Flügel [von Andreas Streicher, dem Freund Schillers] schwebten Töne hervor, die wie duftige Traumgestalten das Gemüt umfingen und in den magischen Kreis seltsamer Ahnungen lockten."[152] – Auf nie wieder dagewesene Weise wird hier das Formal-Technische mit der fantastischen Poesie unmittelbar verbunden, sodass man beides – wie vielleicht das eigene Innere – verstehen lernt.

Musik und poetische Fantasie wirken auch in Hoffmanns Erzählung „Don Juan" zusammen, die man als eine Art „Einstiegsdroge" in sein Werk bezeichnen könnte. Der Inhalt und seine Hintergründe sind relativ leicht verständlich bzw. im Internet erklärt.[153] Wichtig ist bezüglich seiner Bamberger Zeit, dass E.T.A. Hoffmann hier begann, das Unheimliche, das der Seele widerfahren kann, mit erzählerischen Bildern zu erschließen. Aber warum gerade in Bamberg? Wie kam es dazu?

Möglicherweise spielte eine Rolle, dass Bamberg nach der Vorstellung ihres Gründers im 11. Jahrhundert, des heiligen Kaisers Heinrich II., einer „Idee" entsprechen sollte, nämlich einem neuen Rom.[154] Die Stadt war also von Anfang an von geistigen Maßstäben geprägt. Später wollten die Fürstbischöfe des 17. und 18. Jahrhunderts, dass die Stadt ein „modernes" Fassaden-Gewand erhält. Bald wurde sie zum „barocken Welttheater" – aber hinter den Fassaden (bzw. Kulissen, wenn man so will) lagen noch die mittelalterlichen Gemäuer. Als Hoffmann nach der Säkularisation von 1802 im Jahre 1808

in Bamberg ankam, registrierte er diese verflossene fürstbischöfliche Herrlichkeit, ahnte aber: Da steckt doch etwas dahinter! Dieser noch katholisch-mittelalterliche Geist! Ihn empfand er als irgendwie unheimlich.

Vor diesem Hintergrund entstanden einige seiner Erzählungen und schließlich sein Roman „Die Elexiere des Teufels", inspiriert vom Besuch in einem Bamberger Kapuzinerkloster – angesichts von Gräbern. Man bedenke, dass Felix Mendelssohn Bartholdys ästhetischer Grundsatz stark von der „Grablege Jesu" nach einem Gemälde von Tizian geprägt wurde.

Finden sich nicht auch in unseren Seelen Abgründe? Fast ein Allgemeinplatz. Und wehe, man „verdrängt" das. Nicht umsonst beruht Sigmund Freuds Schrift über das Unheimliche auf der Literatur von E.T.A. Hoffmann und seinen Erlebnissen in den dunklen Gassen von Bamberg.[155] Doppelgänger, Gespenster, Verbrecher, Augenhändler, Teufel und Wahnsinnige tauchen von nun an in Hoffmanns Schriften auf.

Und wenn man genau hinsieht, finden sich auch in den scheinbar traulichen Märchen und Sagen der Brüder Grimm, publiziert 1812–25, nicht selten unheimliche Bilder und Handlungen. Bald wurden diese Sammlungen als kulturelle Denkmäler empfunden, und andere Länder gingen für ihre Völker entsprechende Wege. Wichtig für die Moderne wurden etwa die häufig unheimlichen Geschichten aus dem alten Prag, die später – neben seiner E.T.A.-Hoffmann-Lektüre – Franz Kafka beeinflussten und zu seinem „Phantastischen Realismus" führten.[156] In dieses Genre gehört auch Achim von Arnims Erzählung „Isabella von Ägypten", in der Kaiser Karl V. genauso eine Rolle spielt wie der Golem, der besonders mit dem alten Prag verbunden ist.[157] „Arnim hat die Wirklichkeit psychischer Abgründe so stark empfunden, daß sie sich ihm in seinem Werk zu seltsamen Angst- und Spottgeburten materialisieren, und diese bewegen sich dreist und zudringlich in der realen Welt ...".[158]

Historische Gasse mit dem Namen „Eisgrube" in Bamberg, mit barocken Fassaden, wo sich E.T.A. Hoffmann inspirieren ließ

E.T.A. Hoffmanns eigene Verrücktheit, ein schier unerträglich gesteigerter Liebeswahn, gehörte seiner jungen, unerreichbaren Gesangsschülerin Julia Marc. Mendelssohn hat sich von der Zuneigung zu seinen Münchner Schülerinnen wohl nicht gleichermaßen mitreißen lassen.

Der Kontakt von Hoffmann zu Julia endete durch einen besonders dramatischen Vorfall: „Alkohol und andere Drogen, Liebessehnsucht und allgemeine Wahnsinnstendenzen führten schließlich zu einem ganz realen Katastrophen-Höhepunkt, wie er in keinem Drama besser hätte konzipiert werden können. Anfang September 1812 nämlich unternahm die Familie Marc mit Herrn Graepel, dem Verlobten Käthchens, wie Hoffmann seine Julia im Tagebuch nach der Kleist'schen Figur verschlüsselt nannte, einen Ausflug nach Pommersfelden, um die Verlobung nachzufeiern. Auch Hoffmann, sein Freund Kunz und andere geladene Gäste fanden sich ein. Zunächst besichtigte man die [erwähnte] wertvolle Kunstsammlung im Landschloss zwanzig Kilometer südlich von Bamberg, möglicherweise auch das Spiegelkabinett mit Figuren ‚in Callot's Manier'. Nach dem Franzosen Jacques Callot hatte Hoffmann schon seine Fantasiestücke benannt, aufgrund von dessen ‚fratzenhaften' Darstellungen, die ihm in den Bamberger Sammlungen des Freiherrn von Stengel aufgefallen waren. Entdeckte er, der ‚Seher' von Doppelgängern, von Duplizitäten und Spiegelungen aller Art, diese – bisher noch von keinem Biographen benannte – Parallelität im Spiegelkabinett von Pommersfelden?

Graepel schien sich jedenfalls nicht für Gemälde oder andere Kunst zu interessieren, sondern nur für etwas anderes: ‚An der Tafel war der Mann in seinem Elemente', notierte Kunz.[159] Weiterhin schilderte er den Bräutigam als einen, ‚der dem mitgenommenen Flaschenkeller, nächst Hoffmann und mir gewaltige Bresche versetzte'. Beim vorgesehenen Gang in den Park stürzte Graepel volltrunken und hätte Julia beinahe mit niedergerissen. Da tobte Hoffmann eifersüchtig los, schrie herum und beschimpfte seinen Nebenbuhler auf das Übelste.

Das Brünnlein ist ein Rest des Bamberger Kapuzinerklosters, das E.T.A. Hoffmann besuchte

Das Grab einer Adeligen auf einem umfriedeten Hügel zwischen Bamberg und Erlangen, das gemäß einer Sage wandert. Wenn es an der Umfassungsmauer ankommt, geht die Welt unter, heißt es

Kulisse zum Stück „Der Goldene Topf"
nach E.T.A. Hoffmann im Bamberger Marionettentheater

Von da an durfte er Julia nie wieder sehen. Aber in so manchen seiner Schriften rief er sich ihre Gestalt ins Gedächtnis zurück. Er hat sie, die sich nach quälenden Ehejahren scheiden ließ, nie vergessen. Auch durch die Gemälde von Franz Marc wird man heute an die Großtante dieses Künstlers erinnert."[160]

Obwohl schwärmerischer Liebhaber, hielt E.T.A. Hoffmann an seiner Ehefrau fest. 1813 verließ er Bamberg aus Mangel an finanziellen Mitteln in Richtung Dresden und Leipzig, um dort als Musikdirektor zu arbeiten. Die Anstellung schlug zwar fehl, aber „die ‚Fantasiestücke in Callot's Manier'

Darstellung von Napoleons Einzug durchs Brandenburger Tor in Berlin

konnten endlich im Verlag von seinem Freund Kunz mit einer Vorrede von Jean Paul erscheinen".[161] Der erwähnte Jean Paul war damals eine gute Werbung, weil er sehr bekannt war. Hoffmann hatte ihn in Bamberg u.a. bei einem Zechgelage im „Weißen Lamm" kennengelernt. Jean Paul pflegte zeitweise, wie bereits geschildert, eine Art Beziehung mit Charlotte von Kalb, die wiederum einmal sehr eng mit Schiller zusammen war und ihren Sohn ein dreiviertel Jahr von Friedrich Hölderlin im nördlichen Franken erziehen ließ. Aber so sentimentale Seelen-Ergründungsmomente wie bei Charlotte findet man weder beim abgründigen E.T.A. Hoffmann noch beim heiter-gewitzten Jean Paul. Hoffmann entwickelte eher einen unheimlichen „Phantastischen Realismus", wie oben für Kafka angemerkt.

Neben der inneren Stadt Bamberg hat Hoffmann übrigens noch andere, oft ländliche, also eher „beruhigende" Orte in ihrer Umgebung kennengelernt, zum Teil auf der Jagd mit einem Freund, wie man unter anderem seinen Tagebüchern entnehmen kann: Bug (heute ein Stadtteil von Bamberg), Stegaurach, Debring, Hollfeld, Lichtenfels, Forchheim, Frensdorf, Röbersdorf, Strullendorf, die Altenburg und den Michaelsberg (beide etwas außerhalb der Bamberger Innenstadt), Hallstadt, Pommersfelden (wie ausgeführt), wohl Sassanfahrt, Bischberg, das Landschloss Seehof bei Memmelsdorf, Lahm (wahrscheinlich im Itzgrund) und die größere Stadt Würzburg.

3. E.T.A. Hoffmanns Lebensweg und Seelenkunde, zweiter Teil: von Dresden und Leipzig nach Berlin

Zur Ordnung seiner finanziellen Verhältnisse trat Hoffmann erneut in den preußischen juristischen Staatsdienst ein und kam im September 1814 in Berlin an.[162] Hier war das geistige Leben reichhaltiger als an allen anderen Orten, wo er sich bisher aufgehalten hatte. Persönlichkeiten wie Fouqué, Chamisso, Tieck, Brentano, Eichendorff, Carl Maria von Weber und andere lernte er persönlich kennen, seinen Freund Eduard Hitzig mit seinen vielen Beziehungen traf er wieder, und sein einflussreicher Freund Hippel verwendete sich für ihn, sodass er als Richter in Berlin bleiben konnte. Die Hoffmann-Orte in Berlin beschreibt bilderreich und angenehm erzählt Michael Bienert in seinen zwei bibliophil gestalteten Bänden „E.T.A. Hoffmanns Berlin“ und „Das romantische Berlin“.[163] Gern wandelt man an der Hand des Autors zu Hoffmanns sieben Berliner Wohnadressen, etwa um den Gendarmenmarkt. In der Taubenstraße 31 befindet sich Hoffmanns letzte, recht repräsentative Wohnung.

„Hoffmann ist in den literarischen Kreisen ein begehrter Gast“ und wird „ein gefragter Autor“, beim „Kammergericht gilt Hoffmann als brillanter Richter, als Komponist hat er sich für kurze Zeit einen Namen gemacht, die Verleger reißen sich um den Schriftsteller Hoffmann“, der jetzt „ein finanziell gutes Auskommen“ hat, wie Rüdiger Safranski zusammenfasst.[164] Unter anderem hatte er den wichtigen Fall „Schmolling“ und den des „Turnvaters Jahn“ zu bearbeiten.

Am Abend ging der „gefragte Autor“ regelmäßig in seine Berliner Kneipe, am liebsten in das Weinlokal „Lutter & Wegner“, das sich noch heute (2021) am Gendarmenmarkt befindet. Ansonsten schrieb er an immer umfangreicheren Werken, etwa dem Roman „Die Elixiere des Teufels“, den „Lebens-Ansichten des Katers Murr“ und den „Gesammelten Erzählungen und Märchen“ von den „Serapionsbrüdern“, die so berühmte Geschichten enthalten wie „Das Fräulein von Scuderi“ – sie gilt erste deutsche Kriminalnovelle – oder „Nussknacker und Mausekönig“ – eine indirekte Vorlage für Tschaikowskis berühmtes „Nussknacker“-Ballett.

Die „Serapionsbrüder“, eine Art gesellige Runde, die sich so manche Geschichten erzählte, hatte Hoffmann am 12. Oktober 1814 zusammen mit literarischen Freunden gegründet. Einmal wöchentlich kamen sie als „Seraphinen-Orden“ zusammen. Am 14. November 1818 wurde der Bund der nächsten literarischen Freunde Hoffmanns neu konstituiert.

Zusätzlich entstanden kleinere und unbekanntere, aber nicht weniger bedeutende Werke, zum Beispiel „Des Vetters Eckfenster“ und „Meister Floh.

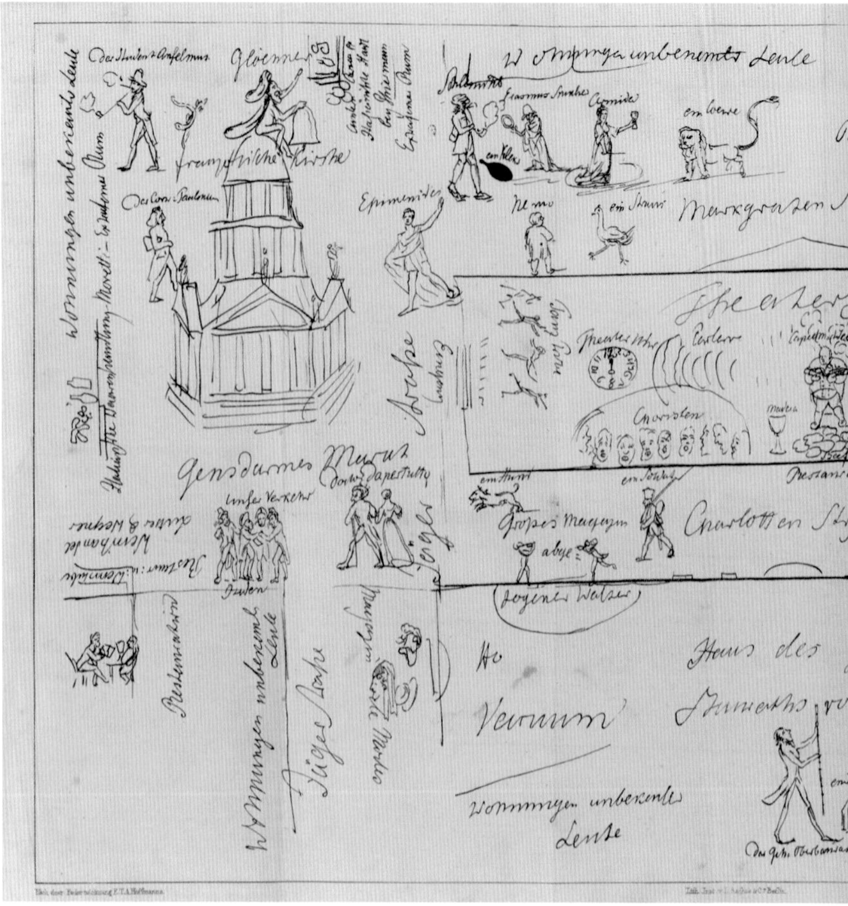

Ein Märchen in sieben Abenteuern zweier Freunde". „Meister Floh" gründet auf Erlebnissen aus Hoffmanns Richtertätigkeit, weswegen man ihn vernehmen und anklagen wollte. Aber seine schwere Krankheit machte dem Autor immer mehr zu schaffen. Am Ende von „Meister Floh" heißt es: „Hier brachen plötzlich alle weiteren Notizen ab, und die wundersame Geschichte von dem Meister Floh nimmt ein fröhliches und erwünschtes – Ende."

Zeichnung von E.T.A. Hoffmann vom Berliner Gendarmenmarkt für seinen Freund und Verleger Carl Friedrich Kunz

Im Juni 1822 brachen auch manche der diktierten Notizen Hoffmanns ab, und zumindest sein sterblicher Leib nahm durch fortschreitende Lähmung ein unerwünschtes und recht trauriges Ende. Seine Werke aber sollten diejenigen seiner Feinde, die in Vergessenheit gerieten, überleben. Den Sieg im Wettstreit der „Sänger" um die Gunst der Königin des Musenhimmels trug schließlich davon: E.T.A. Hoffmann.

VI

Bleibende Fragen zu E.T.A. Hoffmann und Hinführung zu einigen großen Romantikern in Berlin

Hat man den Lebensweg Hoffmanns nacherzählend begleitet, so muss man resümieren: Wirklich geklärt ist nicht alles. Im Gegenteil, einige bemerkenswerte Zusammenhänge tun sich noch auf, sobald man einzelne seiner Stationen in Berlin genauer untersucht. Ein immenses Geflecht von Beziehungen und Zusammenhängen eröffnet sich immer wieder. Das ist wahrscheinlich der Grund, warum gerade Berlin zu einem zentralen Ort der Deutschen Romantik werden konnte und mindestens ein spezielles Buch zum Thema „Das romantische Berlin"[165] mehr als gerechtfertigt erscheint. Die Zusammenhänge sind kaum überschaubar, vieles bleibt im Verborgenen. Das erinnert an das romantische Paris, das gern als „geheimnisvolle" Stadt gesehen wurde.[166]

1. Die Familien Devrient und Hitzig

Die seinerzeit berühmte Sängerin Wilhelmine Schröder-Devrient

Nur ein Beispiel zu Berlin: Es ist, als habe ein geheimnisvolles Schicksal es so gefügt, dass der Schauspieler Ludwig Devrient (1784–1832) E.T.A. Hoffmanns Wohnungsnachbar sein sollte.[167] Er wurde sogar zu seinem Freund und regelmäßigen Zechkumpan. Devrient Neffe war der in Berlin geborene Schauspieler Carl Devrient (1797–1872), der 1822, im Todesjahr Hoffmanns, die Opernsängerin Wilhelmine Schröder-Devrient (1804–1860) heiratete. Sie gilt als die größte deutsche Gesangstragödin des 19. Jahrhunderts[168] und sang unter anderem Werke von Wagner sowie Lieder von Franz Schubert und Felix Mendelssohn Bartholdy – womit man mitten in der Berliner Gesellschaft angelangt wäre.

Gestorben ist sie allerdings in Coburg, was uns an den romantischen Itzgrund und das Schlösschen Rosenau erinnert, das kein Geringerer als William Turner malte. Hier lernte Königin Victoria von England, eine große Liebhaberin der Rosenau, ihren späteren Gemahl Prinz Albert kennen und lieben. Bei einem Aufenthalt in London musizierte Mendelssohn zusammen mit den beiden, was dem royalen Paar außerordentlich gefallen hat.

Aber damit der überraschenden „Beziehungsgeflechte" nicht genug. Felix Mendelssohn Bartholdy hat in Berlin zusammen mit seinem Freund Eduard Devrient (1801–1877, einem Neffen von Ludwig Devrient) ganz große Kulturgeschichte geschrieben, indem er 1829 mit ihm die Matthäuspassion von Johann Sebastian Bach (Uraufführung 1727) in der Berliner Singakademie wieder aufführte.[169] Auch Hegel soll im Publikum gewesen sein. Im Grunde führt das zu Zweifeln an der oben dargestellten, anti-romantischen und anti-religiösen Ästhetik Hegels. Es stellt sich die Frage, inwieweit ein tief fühlender und großer Denker, wie Hegel einer war, angesichts dieser Sternstunde der Kulturgeschichte einer frommen Inspiration widerstehen konnte. Mendelssohn selbst hat hier wohl zu der tiefen Marienfrömmigkeit gefunden, die in seine „Tizian"-Ästhetik Eingang fand.

Mendelssohn hatte – man kann es kaum fassen – die Matthäuspassion 1823 aus den Händen seiner Großmutter erhalten, einer Tochter von Daniel Itzig (1723–1799, Berlin) und dessen Frau Miriam. Sie und ihre Schwester genossen Klavierunterricht bei Söhnen oder Schülern von Johann Sebastian Bach. Zu den Kindern von Daniel und Miriam Itzig zählte auch „Vögele" (Fanny) Itzig (1758–1818), die in Wien einen höchst bedeutenden Salon unterhielt, den nach ihrem Tod Henriette von Pereira-Arnstein übernahm.

Der Kreis schließt sich, wenn man erfährt, dass ein weiterer Urenkel Itzigs, der Jurist, Verleger und Schriftsteller Julius Eduard Hitzig (1780–1849), mit

Die Wiener Salonière Henriette von Pereira-Arnstein war mit der Familie Mendelssohn verwandt – im Bild ist sie mit ihrer Tochter Flora zu sehen

Gedenktafel für Heinrich Heine in Cuxhaven

der Familie Mendelssohn verschwägert war, da seine Schwester Henriette Marianne 1811 Nathan, den Sohn des Moses Mendelssohn (Felix' Großvater), heiratete. Julius Eduard Hitzig studierte in Erlangen (!) und Halle Rechtswissenschaften und veröffentlichte 1810/11 Kleists „Berliner Abendblätter". Darüber hinaus kannte er E.T.A. Hoffmann sehr gut, war Mitglied seiner Abendgesellschaft „Serapionsbrüder" und schrieb schließlich die erste Biographie über ihn.

Mehr oder weniger das ganze romantische Berlin kam zusammen in den diversen Salons oder bei anderen regelmäßigen Treffen, etwa den „Sonntagsmusiken"[170] der Mendelssohn-Familie, wo man unter anderem Wilhelm Hensel (1794–1861), den Bruder von Luise Hensel, kennenlernte, der zahlreiche Porträts gezeichnet hat. Dazu gehört auch eines der bekanntesten Porträts von E.T.A. Hoffmann. Der wiederum hatte, wie erwähnt, die Freundes-Runde der „Serapionsbrüder" gegründet.[171] Bedeutende Salons unterhielten zudem Henriette Herz und Rahel Varnhagen.[172] Die Ergründung der eigenen Seele, des „Ich" in der Einsamkeit hielt sich hier wohl in Grenzen. Vielleicht konnte man nach einem Salon-Besuch die geheimnisvolle Seelenergründung allein oder zu zweit besser genießen, wenn man wusste, das Alleinsein sei ja nicht von Dauer.[173]

2. Heinrich Heine

Heinrich Heine (1797–1856) verkehrte ebenfalls im Hause Mendelssohn. In einem seiner berühmtesten Gedichte, der „Loreley", spricht das lyrische Ich im ersten Vers nicht von einem gesetzten Gegenstand, dem sich in einer möglichen Addition weitere zugesellen könnten, wie in der klassischen Lyrik üblich[174], sondern von einem Defizit: „Ich weiß nicht …".[175] Es folgt keine Aufklärung, sondern die merkwürdige Frage: „… was soll das bedeuten?".

Sie bezieht sich auf die Traurigkeit des lyrischen Ichs, wodurch man sich an die große abendländische Melancholie-Tradition erinnert fühlt, die später der Berliner Philosoph Walter Benjamin (1892–1940) in einem epochalen Werk über das Trauerspiel untersuchen sollte.[176] Auch das Symbol und die Allegorie sowie das Motiv der Ruine in der Romantik werden hier genial ergründet. Als Beispiel wird einmal ein „Bamberger Altan" erwähnt.[177] Zum „Weltschmerz" in der Romantik beachte man besonders Friedrich Sengles Werk über die Biedermeierzeit.[178] Walter Benjamins Text über E.T.A. Hoffmann findet sich im entsprechenden Werk von Michael Bienert mit dem Titel: „Das dämonische Berlin".[179]

Was 'bedeutet' nun die angesprochene Traurigkeit? Man weiß es bis heute nicht. Sie scheint nun einmal bei vielen Menschen da zu sein und lässt sich nicht vollständig im Trubel der Geselligkeit, durch Kreativität, Flucht in die Natur[180], die Religion oder die Liebe auflösen – sie bleibt, wie die Einsamkeit, ein Geheimnis. Auch Novalis' „Heinrich von Ofterdingen" sagt an einer Stelle „Ich weiß nicht", wobei er sich auf die Kunst der Dichter bezieht.[181]

Wenn der „Schiffer" in Heines Gedicht am Ende verunglückt und behauptet wird, das habe mit ihrem Singen die Loreley getan, dann ist das doch wohl eine Schuldumkehr und Verunglimpfung des Gesangs und der Lyrik überhaupt.

3. Adalbert von Chamisso

Schwangen vielleicht sogar – als Gegenbewegung zum Familiären und den Salongesellschaften – Fluchtgedanken mit bei den großen Expeditionen eines Alexander von Humboldt, Johann Baptist von Spix, Carl Friedrich Philipp von Martius oder Georg Wilhelm Steller? Nach der Lektüre von Adalbert von Chamissos (1781–1838 in Berlin[182]) „Peter Schlemihls wundersame Geschichte"[183], veröffentlicht 1814 in Nürnberg[184], könnte einem dieser Verdacht kommen[185], weil dort von einer Reise um die Welt die Rede ist. Doch auf solche Tendenzen sollte man dieses Stück Weltliteratur nicht beschränken. Abgesehen davon, dass Chamisso selbst 1815–18 eine reale Forschungsreise unternommen hatte, warf er mit der erwähnten wundersamen Geschichte ein geheimnisvolles Licht auf die einerseits unergründliche menschliche Seele – die andererseits das Wertvollste ist, was man

In Nürnberg wurde Adalbert von Chamissos Erzählung „Peter Schlemihls wundersame Geschichte" 1814 erstmals gedruckt, Herausgeber war Friedrich de la Motte-Fouqué. Nach dem Verkauf seines Schattens konnte sich die Hauptfigur Schlemihl nicht mehr auf öffentlichen Märkten zeigen. Hier ein Motiv vom Hauptmarkt in Nürnberg mit der Frauenkirche

unter keinen Umständen verkaufen darf. Durch die Eheschließung mit der Pflegetochter (Antonie, 1800–1837) von Julius Eduard Hitzig, mit dem er befreundet war, heiratete er in dessen Familie ein. Als Mitglied der Serapionsbrüder stand er am Ende mit E.T.A. Hoffmann in doppelter Beziehung.

4. Friedrich de la Motte-Fouqué

Literarisch mit Hoffmann verwandt war der Berlin-Brandenburger Romantiker Friedrich de la Motte-Fouqué (1777–1843). Aus seiner Feder stammt das Dichtermärchen „Undine"[186], das Hoffmann zu einer Oper machte.[187]

Durch die Liebe kann Undine eine unsterbliche Seele erlangen. Moses Mendelssohn wollte eine solche grundsätzlich nachweisen, gegen die Meinung von Immanuel Kant.[188] Ein anderer Roman von de la Motte-Fouqué, „Die Fahrten Thiodolfs des Isländers", inspirierte die Coburger Herzöge bei der Gestaltung von Schloss und Park Rosenau an der Itz bei Coburg.[189] Wie oben gesagt: Prinz Albert, der spätere Gemahl der Königin Victoria, wurde dort geboren, und beide liebten das Anwesen sehr. Pläne des Berlin-Brandenburger Architekten Karl Friedrich Schinkel (1781–1841)[190] dienten der Inspiration beim Bau der Rosenau. Und ursprünglich sollte das Bad des Schlosses nach „Undine"-Motiven ausgestattet werden. Zur Ausführung kam dann aber ein „Berliner Fayence Mosaik". – Bei einem Rundgang durch den Park der Rosenau – womöglich in liebevoller Begleitung – lernt man vielleicht genauso die eigene Seele kennen wie im Bamberger Hain oder auf der Pfaueninsel, „Preußens Arkadien".[191]

Wie Schinkel wurde Theodor Fontane (1819–1898) in Neuruppin in der Mark Brandenburg geboren – ein Land mit viel Geschichte für Geschichtenerzähler. Seine Wanderungen hätte Fontane übrigens nahtlos in der – ursprünglichen – Mark Brandenburg in Franken fortsetzen können.[192] Die Romantiker bevorzugten allerdings Dichter- oder Volksmärchen, so die am Ende in Berlin beheimateten Brüder Grimm[193], die andererseits exakt forschende Sprachwissenschaftler waren. Wirklich auf dem Land gelebt haben beide eigentlich nie, nur ganz früh einmal[194] – ähnlich wie Joseph von Eichendorff, der eindringlichste Dichter der „Waldeinsamkeit".

Schloss Rosenau bei Coburg

5. Joseph von Eichendorff

Zur Zeit seiner Tätigkeit als Beamter in Berlin wollte Eichendorff unbedingt in der großen Haupt- und Residenzstadt bleiben und nicht „in die Provinz", nämlich nach Königsberg, versetzt werden. Entscheidende Stationen der Reise seines klassisch-romantischen „Taugenichts" durch schöne, teils „einsame" Landschaften waren Städte wie Wien und Rom, wobei die Hauptfigur schließlich in ein Schloss mit Garten sozusagen „glücklich einheiratet".[195] Am Ende „war alles, alles gut[196]": Die „schauerliche Einsamkeit"[197] war der „Seelenvergnügtheit"[198] gewichen, der Bruch zwischen dem Städtischen und dem Ländlich geglättet.

„Es ist einem", als trete man aus städtischen Sphären unmittelbar in die Natur – aus den mittelalterlichen Gassen Bambergs direkt in den Hain-Park oder 1826 vom Berliner Opernhaus-Platz über den Boulevard „Unter den Linden" durchs Brandenburger Tor auf die Charlottenburger Chaussee. Sowohl in Bamberg als auch in Berlin war tatsächlich das englische „greenbelt"-Konzept – grüne Gürtel zur Auflockerung der dicht bebauten Innenstädte[199] – bereits verwirklicht.

„Mir war, als ..." sagt der „Taugenichts" häufig. Leserinnen und Lesern wird suggeriert, sie würden erst durch diese verschiedenen Vergleiche bzw. Gleichnisse mit einer anderen Dimension, einer Art Traum konfrontiert. In Wirklichkeit beginnt der Traum mit den ersten Worten der Erzählung: „Das Rad an meines Vaters Mühle ...".[200] Eichendorff führt jedoch sanft in die romantische Sphäre hinüber, während E.T.A. Hoffmann – etwa beim „Kater Murr" – gleich mitten in der Fantasiewelt, beim sprechenden Kater, beginnt. Felix Mendelssohn Bartholdy wiederum leistet mit einer konkreten Bildbetrachtung Hilfestellung beim Blick in die Seele – in die eigene und zugleich diejenige aller Menschen. Womöglich der größte Geniestreich zumindest in jener Phase der Kulturgeschichte der Menschheit.

Unter den Linden.

Originalzeichnung von E. Th. A. Hoffmann, Schloßbibliothek, Berlin.

E.T.A. Hoffmanns karikierende Zeichnung vom Promenieren Unter den Linden in Berlin

Seite 102/103:
Schloss mit kleinerem Mühlengebäude in Höchstadt an der Aisch. In diesem Ort wurde der Südamerika-Forscher Johann Baptist Ritter von Spix 1781 geboren

Anmerkungen

1 Siehe E.T.A. Hoffmann: Sämtliche Werke (= SW) in sechs Bänden, hg. v. Wulf Segebrecht u.a., Frankfurt am Main 1992 ff., hier: Bd. V, S. 9 ff., auch das Folgende.

2 Karl Konrad Pohlheim (Hg.): Der Poesiebegriff der deutschen Romantik, Paderborn 1972, S. 366.

3 Siehe Michael Bienert: E.T.A. Hoffmanns Berlin. Literarische Schauplätze, Berlin 2015 (= Bienert, Hoffmann) bzw. die Kommentarseiten in der genannten Gesamtausgabe. Zur Übersicht: Rüdiger Safranski: E.T.A. Hoffmann. Aus dem Leben eines skeptischen Phantasten, München/Wien 1984.

4 Siehe Michael Bienert: Das romantische Berlin. Literarische Schauplätze, Berlin 2022 (= Bienert, Romantik), S. 143 ff.

5 Bienert, Romantik, S. 148 f.

6 In: Deutsche Dichtermärchen von Goethe bis Kafka. Auswahl u. Nachw. v. Arthur Häny, illustr. v. Marieluise Häny, Zürich 1965 (= Dichtermärchen), aus der Reihe Manesse Bibliothek der Weltliteratur.

7 Gestellt bei Adalbert von Chamisso: Peter Schlemihls wundersame Geschichte, Dichtermärchen, S. 411–511 (= Schlemihl), zur Seele S. 465.

8 Rüdiger Safranski: Romantik. Eine deutsche Affäre, 4. Aufl., Frankfurt 2011.

9 Andrea Wulf: Fabelhafte Rebellen. Die frühen Romantiker und die Entwicklung des Ich, 2. Aufl. München 2022.

10 Einen groben Überblick über die Literaturgeschichte insgesamt bieten Bernd Schurf und Andrea Wagner (Hg.), erarbeitet v. Karlheinz und Margret Fingerhut: Deutschbuch. Literaturgeschichte, Berlin 2012. Zur Philosophie- und Kulturgeschichte siehe Peter Watson: Ideen. Eine Kulturgeschichte von der Entdeckung des Feuers bis zur Moderne, aus d. Engl. v. Y. Badal, München 2005. ‚Der große Wertewandel: die Romantik', S. 953–979.

11 Freilich entstand die Romantik auch parallel zu Deutschland auch in anderen, zumindest europäischen, Ländern. – Auch bei den Brüdern Grimm kommen bekanntlich Tiere zumindest „zur Sprache".

12 In: Dichtermärchen, S. 145–179.

13 Dichtermärchen, S. 181–232.

14 Dichtermärchen, S. 233–367.

15 Dichtermärchen, S. 369–410.

16 Dichtermärchen, S. 411–511.

17 Thomas Gunzelmann und andere: Stadt Bamberg. Stadtdenkmal und Denkmallandschaft. 1. Stadtentwicklungsgeschichte, Bamberg und München 2012 (= Die Kunstdenkmäler von Bayern, im Auftrag des Staatsministeriums für Wissenschaft, Forschung und Kunst hg. vom Bayerischen Landesamt für Denkmalpflege, Regierungsbezirk Oberfranken, Bd. III, Stadt Bamberg 1 – Stadtdenkmal und Denkmallandschaft, 1. Halbband: Stadtentwicklungsgeschichte), S. 7 ff. (Literatur zum Städtelob) bzw. S. 99 ff.

18 Bienert, Romantik, S. 56 f.

19 Karl Konrad Pohlheim u.a. (Hg.), Der Poesiebegriff der deutschen Romantik, Paderborn 1972, S. 80 ff. (Friedrich Schlegel).

20 Reuß, Romantikerinnen, S. 94, ausführlicher Nachweis siehe unten.

21 Die vorliegende Schrift greift in großen Teilen zurück auf die bisherigen Bücher des Autors, insbesondere über Romantikerinnen und Romantiker (Lebensläufe wie Liebeslieder. Frauengestalten der Romantik in Bamberg und Franken, Bamberg 2022 [zitiert als Reuß, Romantikerinnen]; ... daß ich glaube der Erzbischof von Bamberg zu seyn. Von Moses Mendelssohns Seelen-Erweis bis Felix Mendelssohn Bartholdys Tizian-Erleuchtung, Lindenberg i. Allgäu 2024 [zitiert als Reuß, Mendelssohn]; mit Matthias Scherbaum: E.T.A. Hoffmann in seiner Zeit. Ein Streifzug durch sein Leben und Schaffen, Bamberg 2022 [zitiert als Reuß, Hoffmann]; mit Matthias Scherbaum: Stadtphilosophischer Lehrpfad Bamberg, Bamberg 2018 [zitiert als Reuß, Lehrpfad]).

22 Gemeint: bemerkenswerten.

23 Gemeint: alten; eigentlich: mittelalterlichen.

24 Zitiert nach Doris und Dieter Schiller, Literaturreisen. Der Main, Stuttgart/Dresden 1994, S. 86 f.

25 Bienert, Romantik, S. 145.

26 Siehe Anmerkung oben, Doris und Dieter Schiller.

[27] Zusammen mit Ludwig Tieck (zum Teil auch Eingriffe bzw. Ergänzungen), Ausgabe Stuttgart 1967.

[28] Bienert, Romantik, S. 145.

[29] Andreas Reuß: 1000 Jahre Kaiser Heinrich der Heilige. Sein Leben, seine Stadt Bamberg, sein Dom und seine Stiftungen. Herrscher von Gottes Gnaden am Ende aller Zeiten, Lindenberg i. Allgäu 2024. Hier auch der Hinweis auf das Kunigunden-Drama des Hoffmann-Freundes Zacharias Werner.

[30] Bienert, Romantik, S. 45 ff.

[31] Hoffmann, SW, Bd. IV, S. 373. Siehe dazu auch Philipp Schönborn und Annette Philip: Hildegard von Bingen – Elisabeth von Thüringen – Bruder Klaus, 3 Bände, Lindenberg i. Allgäu 2025.

[32] Klaus Vieweg: Hegels Ästhetik der Malerei. Die niederländische Landschafts- und Genremalerei des 17. Jahrhunderts, Hamburg 2025, S. 37. (Zitiert als Vieweg, Ästhetik). Danach auch die folgenden Vieweg-Zitate.

[33] Zu Hegel, insbes. in Berlin, siehe auch Bienert, Romantik, S. 102 ff.

[34] Klaus Vieweg: Hegel. Der Philosoph der Freiheit. Biographie, München 2019.

[35] Siehe dazu Andreas Reuß/Matthias Scherbaum, Stadtphilosophischer Lehrpfad Bamberg. Bamberg 2018, S. 134 f.

[36] Reuß, Romantikerinnen, S. 63.

[37] Reuß, Romantikerinnen, S. 123.

[38] Bienert, Romantik, S. 117 f.

[39] Ein Hinweis darauf findet sich zuletzt bei Simon Schütz: Die Geburt der Hassrede. Tugendhafte Influenzer, die am Ende toxische Gefühle erzeugen? Wer das für neu hält, sollte mal beim Philosophen Hegel nachlesen. In: Süddeutsche Zeitung, Nr. 184, 12.8.2025, S. 9. Hegel stand dem Begriff der „Schönen Seele“, siehe besonders bei Friedrich Schiller, Über Anmut und Würde 1793, jedoch kritisch gegenüber.

[40] Vielleicht waren die letzten „schönen Seelen“ diejenigen der Widerstandskämpferinnen und -kämpfer 1933–45, siehe die Aussage des Kleist-Nachfahren Ewald von Kleist, der die Widerstandskämpfer um Stauffenberg als „menschliche Juwelen“ bezeichnete (Fränkischer Tag, Bamberg, 18.2.2020, S. 23).

[41] Reuß, Romantikerinnen, S. 36.

[42] Reuß, Romantikerinnen, S. 8.

[43] Reuß, Hoffmann, S. 42 ff. Dort auch das weitere zu Pommersfelden.

[44] Ähnlich wie in der Würzburger Residenz (wiederhergestellt).

45 SW, Bd. 2/1.

46 Vieweg, Ästhetik, S. 26.

47 Ludwig Grote: Die romantische Entdeckung Nürnbergs, München 1967. Siehe auch Andreas Reuß: Das entzweite Jahrhundert. Das Germanische Nationalmuseum plant die Neugestaltung seiner Dauerausstellung zum 19. Jahrhundert. In: Unser Bayern online, Heimatbeilage der Bayerischen Staatszeitung, 7/8 2024, S. 10 ff.

48 Ludwig Tieck, Wilhelm Heinrich Wackenroder: Die Pfingstreise von 1793 durch die Fränkische Schweiz, den Frankenwald und das Fichtelgebirge, hg. v. Wilhelm Saalfrank, Helmbrechts/Kulmbach 1980, S. 16.

49 Erich Bachmann/Lorenz Seelig, Felsengarten Sanspareil Burg Zwernitz, Amtlicher Führer (zitiert als „Amtlicher Führer Sanspareil"), München 1989.

50 Siehe Reuß, Mendelssohn, S. 17.

51 Stefan Fröhling und Andreas Reuß: Die Humboldts. Lebenslinien einer gelehrten Familie, Berlin 1999, S. 55 ff.

52 Im Folgenden weiter nach Reuß, Romantikerinnen (über H. v. Egloffstein und ihre Töchter siehe dort).

53 In der Bayerischen Staatsbibliothek eingescannt: https://www.digitale-sammlungen.de/de/view/bsb10107633?q=Egloffstein&page=24,25.

54 Im Folgenden nach Reuß, Romantikerinnen, S. 55.

55 https://www.digitale-sammlungen.de/de/view/bsb10018978?page=5.

56 Siehe Bienert, Romantik, S. 45 ff.

57 Diese und einige der folgenden Angaben und Zitate stammen aus: Ingeborg Fossmann: Luise Rückert, geb. Wiethaus-Fischer. ‚Mein guter Geist, mein Bessres Ich'. Ein Lebensbild der Frau des gelehrten Dichters Friedrich Rückert, Würzburg 1997 [zitiert als „Fossmann"], S. 115 f.

58 Fossmann, wie oben, S. 15.

59 Fossmann, wie oben, S. 55.

60 Friedrich Rückert, Kindertodtenlieder. Mit einer Einleitung neu hg. v. Hans Wollschläger, Nördlingen 1988.

61 Auch zum Vorhergehenden: Reuß, Romantikerinnen, S. 60 und 106 f.

62 Zitiert nach Andreas Reuß: Die schönste Gegend von der Welt. Eine literarische Fahrt durch das Itztal. In: Unser Bayern, Heimatbeilage der Bayerischen Staatszeitung, Jg. 43, Nr. 9, Sept. 1994, S. 66.

63 Zitiert nach Andreas Reuß: Genies im Geheimen. Felix Mendelssohn Bartholdy und sein Umkreis in Franken und Altbayern: Inspiriert von Land und Leuten. In: Unser Bayern, Heimatbeilage der Bayerischen Staatszeitung, Sept./Okt. 2023, S. 12.

64 Das Folgende greift größtenteils zurück auf Reuß, Mendelssohn, siehe dort insbesondere das Kapitel „Auftakt für neue geistesgeschichtliche Akzente" und folgende.

65 Zitiert nach Reuß, Mendelssohn, wie auch das Folgende.

66 Andreas Reuß: Genies im Geheimen. Felix Mendelssohn Bartholdy und sein Umkreis in Franken und Altbayern: Inspiriert von Land und Leuten. In: Unser Bayern, Heimatbeilage der Bayerischen Staatszeitung, Sept./Okt. 2023.

67 Zitiert nach Reuß, Mendelssohn, wie oben.

68 Professorentöchter aus Göttingen. Siehe Eckart Kleßmann, Universitätsmamsellen. Fünf aufgeklärte Frauen zwischen Rokoko, Revolution und Romantik, Berlin 2008. Julie Diruf gehörte allerdings auch dazu, siehe Reuß, Romantikerinnen, S. 86 ff. und 89.

69 Wulf Segebrecht u.a. Hg.: Romantische Liebe und romantischer Tod. Über den Bamberger Aufenthalt von Caroline Schlegel, Auguste Böhmer, August Wilhelm Schlegel und Friedrich Wilhelm Schelling im Jahre 1800, Bamberg 2000, ab S. 21. Außerdem folgt der Text in weiten Teilen zumindest kursorisch dem Buch von Reuß, Romantikerinnen.

70 Segebrecht, Romantische Liebe, siehe oben.

71 Bienert, Romantik, S. 54 ff.

72 Segebrecht, Romantische Liebe, S. 116 ff. Berühmte Bamberger Ärzte waren Adalbert Friedrich Marcus und Johann Lucas Schönlein (geb. 1793 in Bamberg, 1840–58 in Berlin, 1864 verstorben in Bamberg).

73 Ricarda Huch: Die Romantik. Blütezeit, Ausbreitung und Verfall, neu aufgelegt Berlin 2018, S. 386.

74 Wulf Segebrecht: Heterogenität und Integration, Studien zu Leben, Werk und Wirkung E.T.A. Hoffmanns, Frankfurt am Main u. a. a. O. 1996, S. 81.

75 Gotthilf Heinrich Schubert: Symbolik des Traumes, Bamberg 1814, siehe Vorrede.

76 Lina Hörl: Bey einer ihn anfallen könnenden Krankheit. Das Gesellenkrankeninstitut in Bamberg von 1789 bis 1803. In: Bamberg in der frühen Neuzeit. Neue Beiträge zur Geschichte von Stadt und Hochstift, hg. v. Mark Häberlein u.a., Bamberg (Universität und Stadtarchiv) 2008, S. 356, Anm. 41. Siehe vor allem Wulf Segebrecht u.a. Hg.: Romantische Liebe und romantischer Tod. Über den Bamberger Aufenthalt von Caroline Schlegel, Auguste Böhmer, August Wilhelm Schlegel und Friedrich Wilhelm Schelling im Jahre 1800, Bamberg 2000, S. 191 f.

77 Zit. nach Christine Lubkoll u. Harald Neumeyer (Hg.): E.T.A. Hoffmann-Handbuch. Leben – Werk – Wirkung, Stuttgart 2015, S. 274. Dort auch das Novalis-Zitat.

78 Wulf Segebrecht, Romantische Liebe, siehe oben, S. 70.

79 E.T.A. Hoffmann: Sämtliche Werke und Briefe in sechs Bänden, hg. v. Hartmut Steinecke und Wulf Segebrecht u.a. (= SW), Bd. I, Frankfurt 2003, besonders S. 385 und 395.

80 Reuß, Romantikerinnen, S. 101.

81 Tanja Kinkel: Wahnsinn, der das Herz zerfrisst, München 1990.

82 Reuß, Romantikerinnen, S. 115 ff.

83 Wulf Segebrecht, Romantische Liebe, siehe oben, S. 71.

84 Bienert, Romantik, S. 64 ff.

85 Reuß, Romantikerinnen, S. 98 ff. Meta Forkel-Liebeskind wäre eigentlich ein eigenes Kapitel zu widmen, siehe die angegebenen Seiten.

86 Rainer Lewandowski: E.T.A. Hoffmanns Bamberg. Ein Führer über E.T.A. Hoffmanns Bamberger Jahre in 14 Kapiteln und einer biographischen Einführung, Bamberg 2003, S. 37. Siehe auch: E.T.A. Hoffmann in Aufzeichnungen seiner Freunde und Bekannten. Eine Sammlung von Friedrich Schnapp, München 1974, S. 138 f. (nach Dr. Speyers Notizen). Siehe auch Reuß, Romantikerinnen, S. 107.

87 Wulf Segebrecht, Romantische Liebe, siehe oben, S. 71 f.

88 Caroline Schlegel-Schelling: Die Kunst zu lieben, hg. u. mit einem Essay von Sigrid Damm, Frankfurt 1997, S. 301.

89 Friedrich Wilhelm Joseph Schelling: Ausgewählte Schriften, Bd. 2 1801–1803, Frankfurt am Main 1985, S. 267.

90 Zit. n. E.T.A. Hoffmann-Handbuch, Anm. oben, S. 273. Christine Lubkoll u. Harald Neumeyer (Hg.): E.T.A. Hoffmann-Handbuch. Leben – Werk – Wirkung, Stuttgart 2015.

91 Wulf Segebrecht, Romantische Liebe, siehe oben, S. 72.

92 Der Bamberger Hain. Parkpflegewerk. Geschichte, Denkmalpflege und Naturschutz, hg. v. Kultur- und Personalreferat, Garten- u. Friedhofsamt Bamberg, verfasst v. Marion Dubler u.a., Bamberg 2004, S. 13 ff. Hieraus auch die weiteren Angaben zur Geschichte des Hains.

93 Georg Sperber: Der Bamberger Hain. Deutschlands ältestes Waldschutzgebiet – ein Naturerbe von europäischer Bedeutung, in: Jahrbuch des Vereins zum Schutz der Bergwelt (München), 70. Jahrgang 2005, S. 177 – 188.

94 E.T.A. Hoffmann, SW, Bd. I, S. 1000.

95 Zitiert nach Rainer Lewandowski: E.T.A. Hoffmanns Bamberg, Bamberg 2003, S. 55.

96 Andreas Reuß: Genies im Geheimen. Felix Mendelssohn Bartholdy und sein Umkreis in Franken und Altbayern: Inspiriert von Land und Leuten. In: Unser Bayern, Heimatbeilage der Bayerischen Staatszeitung, Sept./Okt. 2023, S. 8 ff. Seite 10 ist ein Abdruck des „Walzers".

97 Zitiert nach Wulf Segebrecht, Romantische Liebe, S. 80.

98 Friedrich Hölderlin: Sämtliche Werke, Briefe und Dokumente in zeitlicher Folge, hg. v. D.E. Sattler, Bremer Ausgabe, Bd. III, S. 230.

99 Die Märchenerzähler. Ein Lebensbild der Brüder Jakob und Wilhelm Grimm von Andreas Reuß. In: Die Brüder Grimm – Brothers Grimm. Das Buch zum Film von Terry Gilliam, Frankfurt 2005, S. 113–133.

100 Siehe Reuß, Mendelssohn, S. 33 ff.

101 Bienert, Romantik, S. 48 ff. Auch das Folgende.

102 Bienert, Romantik, S. 45 und 113.

103 Reuß, Romantikerinnen, S. 115 ff.

104 Zu diesem Thema siehe Reuß, Romantikerinnen, S. 40 ff.

105 Siehe dazu Johann Ludwig Klarmann: Geschichte der Familie von Kalb auf Kalbsrieth. Mit besonderer Rücksicht auf Charlotte von Kalb und ihre nächsten Angehörigen, nach den Quellen bearbeitet, Erlangen 1902, S. 142 ff.

106 Fontane, Romane. Irrungen, Wirrungen, Frau Jenny Treibel, Effi Briest, Der Stechlin, Darmstadt 1985, S. 368 ff., (Effi Briest), auch das Folgende. Ebenda (Effi Briest), S. 370.

107 Hans Jürgen Schultz (Hg.): Einsamkeit, Stuttgart, Berlin 1980.

108 Zitiert nach Andreas Reuß: Von Bamberg und Dom bezaubert, in: Fränkischer Tag, Bamberg, 6.7. 2022, S. 3.

109 Reuß, Mendelssohn, S. 70.

110 Wie der Mönch am Meer auf Caspar David Friedrichs Gemälde.

111 Siehe Reuß, Mendelssohn, S. 110. f.

112 Bienert, Romantik, S. 25 ff.

113 Bienert, Romantik, S. 26.

114 Dieses und das folgende Zitat nach: Andreas Reuß: Die schönste Gegend von der Welt. Eine literarische Fahrt durch das Itztal, in: Unser Bayern, Heimatbeilage der Bayerischen Staatszeitung, Jg. 43, Nr. 9, September 1994, S. 65–67.

115 Ursula Naumann: Schillers Königin. Das Leben der Charlotte von Kalb, Frankfurt am Main 2006.

116 W.G. Sebald: Schwindel. Gefühle, Frankfurt am Main 1990, S. 7 f.

117 Siehe dazu: https://www.wiesentbote.de/2025/03/25/schriftsteller-w-g-sebald-und-sein-bezug-zu-bamberg/.

118 Bienert, Romantik, S. 126 f.

119 https://etahoffmann.staatsbibliothek-berlin.de/.

120 Günther Dippold: Die Staffelberg-Eremiten, in: Der Staffelberg, Bd. 2, 1994, S. 33–58, insb. S. 40–43.

121 1837. Zitiert nach Gerhard Krischker (Hg.): Irdisches und Himmlisches. Bamberger Lesebuch II, Bamberg 1990, S. 93 (Zitiert als Krischker II).

122 Andreas Reuß: Das entzweite Jahrhundert. Das Germanische Nationalmuseum plant die Neugestaltung seiner Dauerausstellung zum 19. Jahrhundert. In: Unser Bayern online, Heimatbeilage der Bayerischen Staatszeitung, 7/8 2024, S. 10 ff.

123 Andreas Reuß: Dem Himmel ein Stück näher. Genüsslich die Wahrheit vom ewigen Leben ergründen: Inspirationen dazu findet man in fränkischen Weingegenden. In: Unser Bayern, Heimatbeilage der Bayerischen Staatszeitung, Jg. 69, Nr. 9/10, S. 3.

124 Andreas Reuß: Cäcilia und Michaelina oder E.T.A. Hoffmanns wundersamstes Erlebnis. Eine musikalische Novelle nach einer wahren Begebenheit, Bamberg 2022.

125 Helmut Pfotenhauer, Sascha Salatowsky, Bettina Wagner (Hg. und Autoren): ‚Meine Feder soll ein Flügel sein'. Jean Paul und seine literarischen Netzwerke, Würzburg 2025.

126 Reuß, Lehrpfad, S. 144 ff.

127 Danach kommt nur dem Göttlichen eine Verabsolutierung zu.

128 Julian Voloj, Friedhalm Marx, Magdalena Adomeit: Thomas Mann 1949. Rückkehr in eine fremde Heimat, München 2025.

129 Katja Behrens (Hg.), Frauen der Romantik. Porträts in Briefen. Mit zeitgenössischen Abbildungen, Frankfurt 1995, S. 445 f.

130 Siehe Jean Pauls Romantitel bzw. Emil Staiger: Meisterwerke deutscher Sprache aus dem neunzehnten Jahrhundert, München 1973, S. 49 ff.

131 Bienert, Romantik, S. 66 f.

132 Im Internet publiziert: http://www.zeno.org/Literatur/M/Jean+Paul/Romane+und+Erz%C3%A4hlungen/Des+Luftschiffers+Giannozzo+Seebuch. Eine der schönsten Ausgaben: Jean Paul: Des Luftschiffers Giannazzo Seebuch und Über die natürliche Magie der Einbildungskraft. Mit Illustrationen von Emil Preetorius und Aufsätzen zu Jean Pauls Werk von Ralph-Rainer Wuthenow, Frankfurt 1975.

133 Staatsbibliothek Bamberg 2025, zu einer Ausstellung. https://www.staatsbibliothek-bamberg.de/article/meine-feder-soll-ein-fluegel-sein/. Siehe auch den zugehörigen Katalog.

134 Siehe für diese und die folgenden Aussagen: Reuß, Romantikerinnen, S. 87 ff.

135 Reuß, Romantikerinnen, S. 89.

136 Reuß, Romantikerinnen, S. 90 ff. Auch das Folgende von dort.

137 Reuß, Romantikerinnen.

138 Heinrich von Kleist: Sämtliche Werke und Briefe. Hg. v. Helmut Sembdner, 2 Bde., Bd. II., 6. ergänzte und revidierte Aufl. 1977, S. 575 ff. Dort auch die weiteren Zitate.

139 Reuß, Mendelssohn, S. 26 f.

140 Manfred Geier: Kants Welt. Eine Biographie, Reinbek bei Hamburg, 5. Aufl. 2004, S. 149.

141 Dass Mendelssohn Kleist kannte, zeigt unter anderem ein Zitat aus einem seiner Briefe: „Träum' ich? Leb' ich? Wach ich? Bin ich bei Sinnen?" (Prinz von Homburg). Siehe Reuß, Mendelssohn, S. 46.

142 Eine übersichtliche chronologische Übersicht als Liste: https://etahg.de/wp-content/uploads/2020/03/Zeittafel.pdf – Ein Biogramm: https://etahoffmann.staatsbibliothek-berlin.de/leben-und-werk/biografisches/biogramm/.

143 Siehe dazu (und zu E.T.A. Hoffmann insgesamt, auch auf allen folgenden Seiten) Andreas Reuß und Matthias Scherbaum: E.T.A. Hoffmann in seiner Zeit. Ein Streifzug durch sein Leben und Schaffen, Bamberg 2022, S. 98 ff. bzw. S. 14, Anm. 18.

144 In: Dichtermärchen, S. 411–511 (=Schlemihl), hier: S. 484.

145 https://etahoffmann.staatsbibliothek-berlin.de/unterrichten/wissenswertes/. Vieles von dem Folgenden ist von dort entnommen.

146 Siehe wie oben https://etahoffmann.staatsbibliothek-berlin.de/unterrichten/wissenswertes/, auch das Folgende, wenn nicht anders vermerkt.

147 Siehe dazu auch Andreas Reuß: Cäcilia und Michaelina oder E.T.A. Hoffmanns wundersamstes Erlebnis. Eine musikalische Novelle nach einer wahren Begebenheit, Bamberg 2022.

148 Wie oben https://etahoffmann.staatsbibliothek-berlin.de/unterrichten/wissenswertes/, auch das Folgende, wenn nicht anders vermerkt.

149 Siehe dazu auch Reuß, Hoffmann, S. 25 ff.

150 Texte Hoffmanns über seine Figur des Kapellmeisters Kreisler.

151 Wie oben https://etahoffmann.staatsbibliothek-berlin.de/unterrichten/wissenswertes/.

152 E.T.A. Hoffmann, SW, Bd. I, S. 667.

153 https://de.wikipedia.org/wiki/Don_Juan_(E._T._A._Hoffmann).

154 Andreas Reuß: 1000 Jahre Kaiser Heinrich II. der Heilige (usw.), Lindenberg i. Allgäu 2024, bzw. Reuß, Lehrpfad.

155 Sigmund Freud: Das Unheimliche, hg. v. O. Jahraus, Stuttgart 2020. Nach Hoffmanns Erzählung „Das Fräulein von Scuderi" kann man auch die Gassen von Paris einbeziehen.

156 Peter Demetz (Hg.): Geschichten aus dem alten Prag, Frankfurt 1994. Peter Cersowsky: Phantastische Literatur im ersten Viertel des 20. Jahrhunderts. Untersuchungen zum Strukturwandel des Genres, seinen geistesgeschichtlichen Voraussetzungen und zur Tradition der ‚schwarzen Romantik' insbesondere bei Gustav Meyrink, Alfred Kubin und Franz Kafka, München 1983.

157 Achim von Arnim: Isabella von Ägypten und andere Erzählungen, hg. v. Walther Migge, ill. v. Fritz Fischer, Zürich 1959 (=Isabella).

158 Isabella, S. 581 f.

159 Wie auch das Folgende zitiert nach Eckart Kleßmann: E.T.A. Hoffmann oder Die Tiefe zwischen Stern und Erde, Frankfurt 1995, S. 197 ff.

160 Zitiert nach Reuß, Hoffmann, S. 42 ff.

161 SW, Bd. II/1. Dort auch die anderen Werke des Jahres 2014. Zitiert nach Reuß, Hoffmann, S. 46 ff.

162 Dieses und das Folgende übernommen bzw. paraphrasiert, verbessert und ergänzt nach Reuß, Hoffmann, S. 47 ff.

163 Michael Bienert: Das romantische Berlin. Literarische Schauplätze, Berlin 2022 (= Bienert, Romantik). Derselbe: E.T.A. Hoffmanns Berlin. Literarische Schauplätze, Berlin 2015 (= Bienert, Hoffmann).

164 Rüdiger Safranski: E.T.A. Hoffmann. Das Leben eines skeptischen Phantasten, Frankfurt am Main, 2.Aufl., 2001, S. 500 f.

165 Bienert, Romantik.

166 Wikipedia: „Die Geheimnisse von Paris. Übersetzt von A[ugust] Diezmann. Bd. 1–8. Mit Illustr. von Theodor Hosemann. Meyer & Hofmann, Berlin 1843. (Angebunden an Band 8: Gerolstein. Schluß der Geheimnisse von Paris. Deutsch von Heinrich Börnstein.)." Siehe auch E.T.A. Hoffmann, Das Fräulein von Scuderi (spielt in Paris).

167 https://www.diegeschichteberlins.de/geschichteberlins/persoenlichkeiten/persoenlichkeiteag/471-devrient.html.

168 https://de.wikipedia.org/wiki/Wilhelmine_Schr%C3%B6der-Devrient. Claire von Glümer: Erinnerungen an Wilhelmine Schröder-Devrient. Bath, Leipzig 1862 (Digitalisat im Internet).

169 Siehe Reuß, Mendelssohn, S. 59 ff. Auch die folgenden Angaben zum Thema sind dort belegt.

170 Reuß, Mendelssohn, S. 33 ff.

171 Bienert, Hoffmann, S. 73 ff. Auch zu Salons und Weinstuben allgemein. Bild bei Bienert, Romantik, Frontispiz.

172 Bienert, Romantik, S. 65 ff. und Bienert, Hoffmann, S. 73 ff.

173 Zur „philosophischen Zweisamkeit" siehe Lackmann, Thomas: Das Glück der Mendelssohns. Geschichte einer deutschen Familie, 3. Aufl., Berlin 2009.

174 Walther Killy: Elemente der Lyrik, München 1972.

175 Heinrich Heine: Sämtliche Gedichte. Kommentierte Ausgabe, hg. v. Bernd Kortländer, Stuttgart 1997, S. 115 f.

176 Walter Benjamin: Ursprung des deutschen Trauerspiels, Frankfurt am Main 1972, S. 149 ff.

177 Walter Benjamin, ebenda, S. 266.

178 Friedrich Sengle, Friedrich: Biedermeierzeit. Deutsche Literatur im Spannungsfeld zwischen Restauration und Revolution 1815–1848, 3 Bde., Stuttgart 1971–80. Bd. I., S. 1 ff.

179 Bienert, Hoffmann, S. 7 ff.

180 Siehe Schlemihl, S. 461 f.

181 Novalis: Gedichte · Romane, eingeleitet und erläutert von Emil Staiger, 3. Aufl., Zürich 1988, S. 176.

182 Bienert, Romantik, S. 78 ff.

183 Siehe Schlemihl.

184 https://de.wikipedia.org/wiki/Peter_Schlemihls_wundersame_Geschichte , Titelblatt ebenda.

185 Schlemihl, S. 497 ff.

186 In: Dichtermärchen, S. 233–367.

187 Bienert, Romantik, S. 61 sowie Bienert, Hoffmann, S. 50 ff.

188 Reuß, Mendelssohn, S. 26 ff.

189 Schloss und Park Rosenau. Amtlicher Führer, bearb. v. Sabine Heym, München 2011. Angaben zum Folgenden insbes. S. 7 ff., 19 f., 27 f. und 83.

190 Siehe zu Schinkel auch Bienert, Romantik, S. 61 f.

191 Wolf Jobst Siedler: Spaziergänge in Preußens Arkadien, Photographien v. Manfred Hamm, Berlin 1992.

192 Andreas Reuß: Wege zur eigenen Glückseligkeit. Fortsetzung der Wanderungen Theodor Fontanes durch die Mark Brandenburg in Franken. In: Unser Bayern, Heimatbeilage der Bayerischen Staatszeitung, Ausg. 9/10 2019, S. 32–37.

193 Bienert, Romantik, S. 23 ff.

194 https://staatsbibliothek-berlin.de/die-staatsbibliothek/abteilungen/kinder-und-jugendbuecher/aktuelles/ausstellung/aus-den-biographien.

195 Joseph von Eichendorff: Aus dem Leben eines Taugenichts. Erzählung, Stuttgart 1956 (= Taugenichts).

196 Taugenichts, S. 102.

197 Taugenichts, S. 69.

198 Taugenichts, S. 101.

199 Katja Frey: Der grüne Ring um die Stadt. Vorläuferkonzepte des ‚greenbelt' und Gedanken zu den Grünanlagen in den Städtebau- und Stadterweiterungstheorien des 19. Jahrhunderts. In: Vittorio Lampugnani u.a. (Hg.): Stadt & Text. Zur Ideengeschichte des Städtebaus im Spiegel theoretischer Schriften seit dem 18. Jahrhundert, Berlin 2011.

200 Taugenichts, S. 3.

Biographische Notizen ...

Wilhelmine von Bayreuth (Autorin von Memoiren, Gestalterin romantischer Gärten, * 1709 in Berlin, † 1758 in Bayreuth)

Georg Wilhelm Friedrich Hegel (Philosoph, * 1770 in Stuttgart, nach Zwischenstationen 1807–08 in Bamberg, 1808–16 in Nürnberg und 1816–18 in Heidelberg, ab 1818 in Berlin, † 1831 ebenda)

Julius Eduard Hitzig (Jurist, Verleger und Schriftsteller, * 1780 in Berlin, Studium u.a. in Erlangen, Freund E.T.A. Hoffmanns und Kleists u.v.a., Schwager der Familie Mendelssohn, † 1849 in Berlin)

Ernst Theodor Amadeus Hoffmann (Jurist, Schriftsteller, Maler, Musiker, * 1776 Königsberg/Preußen, nach Zwischenstationen 1798 in Berlin, dann unter anderem in Posen, 1807 erneut in Berlin, von dort 1808–1813 nach Bamberg, nach Zwischenstationen ab 1814 in Berlin, † 1822 ebenda)

Alexander von Humboldt (Naturforscher, * 1769 in Berlin, ab 1792 als Geologe Aufenthalte in Oberfranken, ab 1799 große Expeditionen, später vielbeachtete Vorlesungen in Berlin, † 1859 ebenda)

Heinrich von Kleist (Schriftsteller und Publizist, * 1777 in Frankfurt an der Oder, verschiedene Stationen, 1800 Kurzaufenthalt in Würzburg, nach Zwischenstationen 1804–07 in Königsberg, danach in Dresden und ab 1809 in Berlin, † 1811 ebenda)

... zu Persönlichkeiten aus der Epoche der Romantik in Auswahl, jeweils mit Bezug zu Bamberg bzw. Franken und Berlin

Felix Mendelssohn Bartholdy (Musiker, Maler, Autor literarisch wertvoller Briefe, * 1809 in Hamburg, aufgewachsen in Berlin, verschiedene Reisen, 1827 Aufenthalt in Franken, insbes. Coburg, Bamberg und Nürnberg, dann Konzertreisen und Studienfahrten in Europa, u.a. nach Italien, Lebensphasen in Berlin und Leipzig, † 1847 ebenda)

Jean Paul (Dichter, * 1763 in Wunsiedel, Aufenthalte u.a. in Leipzig, Weimar und 1800 in Berlin, später Bayreuth, Meiningen und Coburg, Reisen auch nach Bamberg, Würzburg, Heidelberg und Stuttgart, † 1825 in Bayreuth)

Friedrich Rückert (Dichter und Sprachgelehrter, * 1788 in Schweinfurt, ab 1816 in Ebern und Coburg, ab 1826 Professor in Erlangen, ab 1841 in Berlin, ab 1848 Neuses bei Coburg, † 1866 ebenda)

Friedrich Schelling (Philosoph, * 1775 in Leonberg, ab 1790 Studium im Tübinger Stift mit Hegel und Hölderlin, nach Zwischenstationen 1798 Professor in Jena, 1800 wichtiger Aufenthalt in Bamberg, dann Würzburg, Erlangen und lange in München, ab 1841 auf dem Lehrstuhl Hegels in Berlin, † 1854 in Bad Ragaz)

August Wilhelm Schlegel (Literaturhistoriker, Literaturkritiker, Übersetzer, Alt-Philologe und Indologe, prägte u.a. mit seinem Bruder Friedrich und dessen Frau Dorothea, geb. Mendelssohn, später verheiratete Veit, dann verheiratet mit Friedrich Schlegel, maßgeblich die romantische Schule, * 1767 in Hannover, ab 1786 Göttingen, nach weiteren Lebensstationen in Jena, Heirat mit Caroline Böhmer, spätere Schelling, Kurzaufenthalt 1800 in Bamberg, ab 1801 in Berlin, nach Zwischenstationen schließlich Lehrstuhlinhaber in Bonn, † 1845 ebenda)

Johann Lucas Schönlein (Arzt, u.a. von Georg Büchner, Kaiser Wilhelm I., Napoleon III., Alexander von Humboldt, den Brüdern Grimm und der Familie Mendelssohn, Lehrer Rudolf Virchows, * 1793 in Bamberg, Lebensstationen in Lohndorf bei Bamberg, Würzburg, Zürich und Berlin, † 1864 in Bamberg)

Wilhelmine Schröder-Devrient (Opern- und Liedsängerin, u.a. Wagner, Schubert, Beethoven und Mendelssohn Bartholdy, * 1804 in Hamburg, Debüt am Burgtheater Wien, ab 1832 Engagement in Dresden, Gastspiele in Nürnberg, Paris, Berlin und London, Ehe 1823–28 mit Carl Devrient, dem Bruder von Eduard Devrient, der mit Mendelssohn Bartholdy bei der epochalen Aufführung der Matthäuspassion mitwirkte, und zugleich Neffe von Ludwig Devrient, dem Freund von E.T.A. Hoffmann, 1859 ging Wilhelmine zu ihrer Schwester nach Coburg, † 1860 ebenda)

Ludwig Tieck (Schriftsteller, Mitbegründer der Romantik, * 1773 in Berlin, nach Zwischenstationen 1793 Studium mit Wackenroder in Erlangen und gemeinsame Reisen nach Nürnberg, in die Fränkische Schweiz, das Fichtelgebirge, nach Schloss Pommersfelden und Bamberg, nach Zwischenstationen 1799–1800 in Jena, dort Freundschaften mit den Schlegel-Brüdern, Novalis, Brentano, Fichte und Schelling, nach Zwischenstationen ab 1842 in Berlin, † 1853 ebenda)

Wilhelm Heinrich Wackenroder (Dichter, Mitbegründer der Romantik, * 1773 in Berlin, Freundschaft und gemeinsame Studien und Reisen mit Ludwig Tieck, ab 1797 als Kammergerichtsreferendar nach Berlin, † 1798 ebenda)

Im Nachklang:
Theodor Fontane (Schriftsteller und Journalist, * 1819 in Neuruppin, Jahre in Berlin und Wanderungen durch die Mark Brandenburg, Aufenthalte u.a. in England und Schottland sowie in Franken, † 1898 in Berlin)

Gedenktafel für Johann Lucas Schönlein an seinem Geburtshaus in der Bamberger Königstraße. Wenige Wochen nach der Geburt Schönleins kam Friedrich Hölderlin an dieser Stelle vorbei.

Der Autor

Andreas Reuß wurde am 12. Oktober 1954 in Bamberg geboren. Er studierte in Regensburg und Würzburg Germanistik und Katholische Theologie, außerdem besuchte er Lehrveranstaltungen in Kunstgeschichte. Früher als Gymnasiallehrer und Stadtrat tätig, schreibt er jetzt nur noch Bücher und Aufsätze und fotografiert für verschiedene Medien und Ausstellungen. Darüber hinaus engagiert er sich in Vereinen für Kultur- und Denkmalpflege. Mehr Informationen unter **reussbamberg.com**.

Kunstverlag Josef Fink